法藏菩薩

法藏館

目次

序　始めに行あり

鈴木大拙 拜記

「始めに行《デイ・タート》ありき」は、ゲーテの『ファウスト』にある言葉で、もとはヨハネ伝の「始めに道《ロゴス》ありき」に対するのである。道とは分別の意味である。仏教では十二因縁の始めに無明《アヴイドヤー》あり、それから行《サンスカーラ》、それから識《ヴイジユニヤーナ》と発展する。この識はヨハネ伝の道に当り、無明《アヴイドヤー》は無分別の義である。この無分別と行とは同一物であると見てよい。ゲーテは、ここでは、どんな意味で行を使って居るか、わからぬが、この行はロゴスの出る以前のもの、即ち分別識のまだ展開せぬところを指すのである。木が木で、犬が犬である所以は、ただ、それぞれ行であるだけで、木と犬と、何れも無分別である。木は木たるべしと自らは分別せぬ。木は木のままずんずんとふとって行く。犬は犬のままに「わんわん」と吠えまわり、木の根や石の横手を嗅いで、小便をしてとんで行く。木、殊に犬には分別があるようで、実は無分別、即ちその生活は無意識的行為である。ただ行為の世界を生きて行くだけで、犬も木もこの点では一つである。或る意味では、彼等は無功用の行者である。遊戯三昧の生活に浸っている。

ホモ・サピエンスの人間という現象が、生物進化の行程に現われて以来、つまり「人間」がエデンの楽園を追払われて、分別識《ロゴス》の世界が両頭に走り出てから、人間はもはや人間以外の万物のような行生活は送れなくなった。行は知になったのである。思無邪のエデン族は罪業の能造者となった。知行合一、寧ろ知即行・行即知は昔の夢となった。木や犬の行世界は人間には永遠に唯あこがれの楽邦としか考えられなくなった。此処に却って人間の真価値・真威厳・真生活が営まれ始まるのである。無知の行だけでなく、又唯有知に止まるのでなく、有知・有分別・有ロゴスの罪業生活をそのままにして、その上に、無分別行・無功徳行を生活し得る世界の開拓者として、今や人間は能造者そのものの領域に逼らんとさえするのである。エデンの楽園から出て、娑婆世界の真正中を生活し、その罪なるものを十分に体験して、而して今や復た前記の楽園的生涯に神通遊戯せんとするのである。娑婆をそのままにして、エデンに逍遥せんとするのである。これを真宗では還相廻向と言う。エデンでは無邪気や自利の世界だけであったが、今は善悪二途、罪業深重の娑婆の間で、利他の教化地を拓くのである。浄土は娑婆を通っての浄土でなければ、何の役にも立たぬ。そして浄土は永住の地ではないのである。浄土へ到達したら、直ちに引き還して、娑婆の人とならなくては、人間の生活にならぬ。これを論理的に言うと、絶対矛盾の自己同一である。娑婆即寂光土、煩悩即菩提の体験的境地を冷たい知性の上で言《こと》あげすると、絶対矛盾がそのままに、生死一如で又生仏一体、或は機法一体などと言う。南無阿弥陀仏はこの矛盾の体得である。

くどいようだが、今一度繰り返したい。娑婆を通って浄土に入るとき、娑婆を後に忘れては何にもならぬ。娑婆を片脇に引き抱えて浄土に入り、その浄土を又片方の脇に抱えて出て来る。そのとき前面に坦々たる一条の白道がある。その道を踊躍して歩み進む。その先は何処だと問うこと勿れ。この道さえ見れば、それが「寂滅為楽」、それが「生者必滅」、それが「是諸仏法」となるのである。

或はこれを南無阿弥陀仏の一生と言ってよい。この道が南無阿弥陀仏で、その人がまた南無阿弥陀仏。即ち南無阿弥陀仏が南無阿弥陀仏を歩む。これが南無阿弥陀仏である。南無阿弥陀仏は称名でなくて、行そのものである。これで下駄を削り、米をつき、家を斉《ととの》え、天下を治め、国際間の権衡を保たせる。「誠者自成也《マコトトハオノズカラナルナリ》。道者自道也《ミチトハオノズカラミチナリ》。」これを大智・大悲・大方便と言う。即ち三大である。地水火風の四大が和合して、色身を構成し、前記の三大が無義・無礙・一如の行であるとき、真人——南無阿弥陀仏が活躍するのである。又これを他力と言う。才市《さいち》翁の所謂「他力には自力もなし、他力もなし。ただ一面の他力なり。なむあみだぶつ、なむあみだぶつ」。これは文字の上で読むのでなく、その裏に流れて居る意義に徹底するとき、「ただ一面の他力なり」、これがそのまま南無阿弥陀仏であることを悟る。この悟りが即ち信であり、証だと言うのである。

この故に、前記の如く、南無阿弥陀仏は行そのものだと言うのである。称名は口称でなくて、称者その人である。これを行の世界に還ると言う。ただの行でなく、知を経た行、或は知即行・行即知の洗礼を受けた行である。この消息を「千万億劫の罪業は信心帰命の一念で消滅する」と言うのである。この故に弥陀成仏のとき、その名号は十方に響きわたり、十方の諸仏悉くその名号を称うるのである。そして今やその名号は弥陀だけのでなく、諸仏各自の名号となるのである。諸仏とは衆生に他ならぬ。弥陀の成仏は十方の衆生の成仏を意味する。

始め曽我さんの講演集に序をかけと編者から求められたとき、自分は直ちにこれを諸した。実は周知の如く、自分は門外漢である、曽我さんの如き碩学の傍へは、よりつかれんのである。又曽我さんの書かれたものを読んでも、なかなかむつかしく、難解なのである。しかるに先頃『中道』第一号に『始めに行あり』との題目を見て、内容も、どうやら、自分の考えに彷彿したものがあるように感じられた。時には自分のを禅的真で正統の真宗でないと批評されたこともあるが、自分がいくらかでも親鸞聖人の書物を読んで見ると、禅だの真だのと言わずに、ただ大いに我意を得たりと納得するものがある。親鸞今猶健在なれば、眼のあたり信仰問答をしても、親鸞は一図にわしの見解を「不是、不是」と拒否せられまいとの所信がある。それで盲者蛇におじざるこの文を草して、曽我さん及び真宗のお方々の一顧を希わんと思い、敢て自ら進んで、この一文を以って序に代えんとするのである。何れも御諒察のほどを。

昭和三十八年一月

序　曽我先生の米寿を祝いて

金子大栄

一

親鸞は「法然上人にすかされまゐらせて念仏して地獄におちたりともさらに後悔」しないといっていられる。それは師上人と共にならば地獄も苦しくないということであると解せられて来た。それが伝統のこころでもあろうか。されど私にはそうはうけとれない。この告白を言いかえれば、親鸞は法然上人の教えを誤解しているのであってもよいということではないであろうか。それは念仏して弥陀にたすけられるより他に親鸞の道がないからである。

それならばどうして「善信が信心も聖人の御信心も一つ」であるということができた

か。そこには「聖人の御智慧才覚ひろくおはしますに一つ」であるということはできないという自覚があった。この自覚は恐らく法然も善導に対して、さらに善導も釈尊に対してあったのであろう。そこには思想内容を研究するものの眼から見れば、善導は釈尊を、法然は善導を、親鸞は法然を誤解しているといわしめる余地もあるのである。されど祖師たちの伝統はその思想系統にあるのではない。それぞれの教説の御言のうちに胸にひびき肝に銘ずるものがあって、そこに自身の道を見出されたのである。だから伝統を成立せしめるものは、弥陀の本願のまことを信ずるということの他ないのである。

いま私はこの領解を以て曽我先生にささげたい。先生は米寿の年を迎えられ、私もいつの間にか八十歳を越えることとなった。老いゆくにしたがって、いよいよ思い出のなつかしいものは、青年時代に先生からうけた恩顧である。時には唯一人の理解者であるかのように期待をかけられ、時には朽木は彫るべからずと断念せしめた私である。その思い出は涙なしに書くことはできず、頭をあげて語ることができない。それならば私は本当に先生の思想を了解しているのであろうか。

二

先生の教えなくば、私は真宗の聖教を自分の道として学ぶことができなかったに違いない。私に聖教を見る眼を与えたものは先生であった。それは忘れようとしても忘れることのできない事実である。私の手元にある先生の著作には小見出しがついており、真赤に横線がひかれている。それにも拘らず、真実に先生の思想を了解したと言い切ることができない。それ程までに愚鈍の私である。

だから若し誰かが批判して、金子は全く曽我の思想を了解しておらないというものがあっても、私は弁明することのできないものである。私も何とかして先生の思想に追随したいと志したことがあった。しかしそれは全く無駄なことであり、かえって先生の精神に反くものであると思われて断念せることである。しからば、私は全く先生の思想を了解していないのであろうか。

ところが不思議にも私はそう思うことができない。かえって先生の思想を最もよく了解しているものは自分であるとさえ思っているのである。廻向表現といい、荘厳象徴といい、宿業本能といい、十七・十八二願の合せ鏡といい、法蔵菩薩と阿頼耶識という先生独自の教説には常に感銘せしめられているのであるから、恐らくそれは私の思想の根幹にもなっていることであろう。それにも拘らず、これが曽我教学であるといおうとすれば、何か最も大事なものを失うように思われる。ここには解かってはいるが解るようにすることはできないというようなものがあるのである。

こうなれば先生の教えが解かったということは、先生に依りて開いていただいた眼を以て、私自身の聖教に対する領解を徹底することの他ないようである。しかして私は今こそ、はっきりとそう思うことのできる有難さを感じているのである。

三

ここで私はふと達磨に対する慧可の立場を思い出した。四人の弟子がおのおの自身の領解を述べたのに対して、達磨はそれぞれに皮・肉・骨・髄を得たものと印可している。その皮・肉・骨・髄の語に執えられて四人の会得に差別あるものと思うてはならないと、道元の『正法眼蔵』にあったと記憶しているが、いかにもそうであろう。ただ留意すべきことは、三人の弟子は何かを語ることができたけれども、慧可は「三礼して位に依りて立つ」だけであったことである。その慧可の心境が、達磨の印可とは拘りなく、領かれるのである。

私の推測を以てすれば、慧可の三礼は、何もいうことがない、ただ有難うございましたということであろう。三人の同友の領解に不足があるのではない。かえって言い尽されているとも思われたのであろう。その上に自分の領解をということになれば、ただ三礼するの外なかったのである。しかしてそれが曽我先生に対する私のこころである。先生は長い間、その思想の理解者のないことをさびしく感じていられた。されど今日では若い人々の中に相当に多くの理解者が出来、その中には追随し得る者もあるようである。それは大きな意義をもつものであり、私はそれに随喜せずにおれないものである。こうなると老いたる私に残されているものは、ただ有難うございましたというより他に何も申し上げることはない。

その三礼のこころに於て「位に依りて立」った慧可を思う。それは自分のあるべき「位」にありて「立」つことができたという表示であろう。それはそのまま、私の先生の教恩に対しての領解である。

四

先生の米寿の喜びには、鈴木大拙先生もお言葉を賜わるということである。まことに感激に堪えないことである。ここにその感激を体して、両先生の前に私の願いを表白しておきたいと思う。

私は今もなお、浄土教の普遍的意義を世界に明らかにしたいと願うているものである。まことに力量を知らない空しき願いであるとも反省せられる。されど念仏の他に人間の救われる法はなく、弥陀の本願を信ずる他に平和の世界を内感する道のないことは余りにも明らかである。とすればそれを信知しているものの他にそれを光闡するものはないのであろう。そのためには、いかに精進しても、なおかつ宗派心を離れないものであるという批判をも忍受せねばならない。その願いに不純なものがないならば、いつかは世界の知識人にも認容せられることになるであろう。

近頃、ある人は「ハイデッガーは『歎異抄』を読んで驚嘆し、この親鸞の信仰の匂いをまず日本人のものにしてほしいと言い、そしてやがて世界のものにと念じている」と伝えているが、本当のことであろうか。そうとすればも少しその詳細を知りたいものである。しかして、こういう情勢がどこからか現われるとすれば、私の願うところは案外のところから満たされるかも知れない。されどその呼応のためにも、内から開かれねばならぬものが、さらに深く求められているのであろう。真宗を学ぶものは、宿習に足を取られる危険を犯しつつ、それを越えて進まねばならぬのである。

その道への勧励と護念とのために両先生に一日も長く生きていていただきたい。それが私のようなものも、自身の道をたどりつつ、生き長らえている意味となることである。まことに深い知遇の喜びである。

法蔵菩薩

第一講

1

今度《こんど》は、またお招きをいただきまして、二十三日の——二十三日に、夜、到着いたしまして、それでまあずっと昨日から五日間、滞在することになっておるわけでございます。本日《ほんじつ》と明日《みょうにち》と二日間お話いたします講話の題目は、『法蔵菩薩』という題を与えられております。

法蔵菩薩ということにつきましてはですね、明治時代なんかにはですね、まあ法蔵菩薩というのはまあ——そういうことには触れないのが安全だと、こういうようにまあ、法蔵菩薩なんていうのはまあですね、ただ—ただですね阿弥陀如来さまと、ただ仏さまと、仏さまのお慈悲と——。まあ本願というような言葉でもですね、明治時代には、だいたいまあそういう言葉も、まあですね年の若い方々は使わなかったんですよ。本願なんて言葉は使わない。それからまあ、お念仏なんていう言葉は、もちろんこれはあの——鬼門である、鬼門である、と。そういうようにまあ、考えられておった。法蔵菩薩なんてものもですね。これもただ宗学の専門ですね、宗学の専門の学問の時だけに法蔵菩薩というような言葉を使うけれどもですね、まあですね、たとえば清沢——近くでは清沢満之先生と。清沢満之先生ならびにその門弟の方々などはまあ、一般に法蔵菩薩というようなことについては、だいたいまあ考えもしないし、まあだいたいまあそういうことはいわないことだと、そういうことになっておったんであります。

そういう時にですね、わたくしだけがまあ、法蔵菩薩ということをいうておった。これはどうしてそういうことをいうたかといいますと、わたしはその——そのですね、『成唯識論』というものをわたしは、前からまあ『成唯識論』を愛読しておったわけでございます。これもまあ、少しぐらいは先生の講義をきいたことがありますけれども、だいたいはまあ、自分は自分一流のまあですね——考えでもって『成唯識論』というものを見ていこうと、こういうようにまあだいたい方針をとっておったわけであります。

2

それでこの法相唯識——、このですね『成唯識論』ではですね、ふつうこのわれわれのまあ、ひとつのまあ——このですね、われわれの意識のはたらきというものにつきましては、六識というてですね、眼識・耳識・鼻識・舌識・身識・意識と。

意識という名前は、第六識という——第六の——、人間のこう——分別する、人間がこう——いろいろですね、ものを考える、と。ものを考えるのを第六意識と、第六識というものである。その前にこのわたくしどもはですね、ひとつのまあ人間には五官、からだにまあひとつの感覚の機能するものが——五官というものがある、と。それがまあ眼《げん》—眼という字は「まなこ」という字、眼の識。それから耳《に》は「みみ」という字が書いてあるんであります。ものを聞くですね。ものを見るのを眼識。ものを聞く、声を聞くのが耳識。においをかぐのが「はな」という字を書いて鼻《び》識ですね、鼻の識と書いてある、鼻識。それからまあ——それからこの、ものを味わうのは舌で味わうのでありますからして、それをまあ舌《した》の識、舌識という。それからまあそのわれわれの触覚ですね、われわれのからだ全身に感ずるもの、それは触覚でありましょう。そういうその触覚による識というもの、そういう識というものが、それをば身識、身《み》の識と書いてある。人間の全身ですね、人間の全身の感覚でありましょう。そういうひとつのまあ感覚識、感覚の識でございましょう。それをまあふつう五識と、それを五識ともうします。それからまあ、第六番目を意識と、意《こころ》の識―意識とこういうのでございます。

それからまあ、もうひとつ、第七識というものがこう――ですね、第七識というものはこの――。第六識と第七識というものは同じ―同じ名前なんでしょう。だからまあ第七識もやっぱりまあシナの言葉に翻訳すれば、やっぱり意識。第六も意識、第七識も意識、と。それで、区別するために、第七識はですね翻訳――言葉を翻訳しないで、「末《ま》那識《なしき》」と、こういうようにいう。第七識を末那識とですね、第七識を末那識という。末那はやっぱりシナの言葉に、文字に翻訳すれば、やっぱり意識というんでしょう。意識ともいうんであります。それでこの意識ですから、やはりこの第六―第六も意識というようなものであるし、第七も意識というものであります。だから第六識もやはりですね翻訳――言葉を翻訳しなければ、第六意識もやっぱり第六末那識でありましょう。第六末那識・第七末那識というようなことになるんだけれども、第六の方は、ふつうの意識でございます。これはまあふつうの人間の常識でですね、考えられるところの意識のはたらきを指していうのでございます。それで第七は同じ意識でありまするけれどもですね、これはまあそのもうひとつですね深いところに、人間の意識の底にあるところの、いわゆるこの特殊の深層意識というようなものでございます。

それからまあその第八識もやはりこの梵語を基礎にして、ふつうこう「阿頼耶識」と――。音《おん》を写したのでありまして、文字には別に意味はないので、末那もやっぱり音を写したものでございます。字には意味はないのでございます。それでこの第七末那識、第八阿頼耶識と、こういう。それを全体で八識というんである。

で、この末那識、阿頼耶識というのはこれは、特殊のこの――深いところにある、ひとつのまあですね、はたらきであると、まあこういうようにいうておるのでございまするがですね、この末那識というのは、これはつまりいうてみれば、ひとつのまあですね、我《が》、と。我というその――「おれが」というか、「おれが」ということと、それから「わがもの」と。「われ」と「わがもの」ということを始終ふかくですね思量――、思量とか思惟とか―しておるところのはたらきがある。それがまあいわゆる深層意識といわれているものであります。つまりこのわたくしどもの、ひとつの――「われ」と―「われ」

ということと、それから「わがもの」と。それでこう――我《が》と我所《がしょ》といいます。我見《がけん》・我所見《がしょけん》といいますか、我見・我所見。わたくしどもは我《われ》ということと――、所《しょ》というのは我《わ》がもの、我が所有《しょゆう》というもので、しょう、我が所有というもので、略すれば我所と、こういうのでございます。いうてみれば主我・客我といいますか、我というのは主我ということでありまするし、我所というのは客我と。主我・客我と、こういうようにいう、と。「われ」と「わがもの」と。こういうのが、すべてこう――ですね、ものを所有する、ね。「われ」という―「われ」というひとつのですね、この「われ」というひとつのものを立てるので――、自分自身が迷いによって我《が》というものを立てていく。我というものを立てていけば、そうすればですね、われ以外の一切のものはわが所有であると、わがものである、と。「われ」と「わがもの」と。わがものというような意味を我所という言葉にもっておるわけでございます。これがまあそのですね迷いの―迷いの根源である。

まあこういうのでまあ、意識のもうひとつですね深いところに末那―末那という意識があって、これはまあそのですね、ねてもさめてもですね、ねてもさめてもはたらいておるものであります。だからこの意識というものはですね――。第六の意識というものはそれは、眠っておっても夢を見るということがあります。眠っておっても夢を見るということがありまするけれどもですね、しかしもう―また夢すら見ないということもあります。まあ、そういうようなことがありましてですね、この第六意識というものはですね、ほとんどまあいつでも働いておるというものでありましょうけれどもですね、第六意識というものはまた、働かないこともある。ところがこの第七意識は、この――ですね第六意識の、この――ですね、もうひとつ深いところにあって、そうしてこの第六意識のつまりまあですね、よりどころになるものである。いつでもこの第七識というものが内にあって、そうしてこの――それあるが故に第六識というものは、それによってこの第六識というものは働いてくるのである。第七識というものが―末那というものがなかったならば、この第六識というものはですね、よりどころを失うのである。まあこういうのでですね、この『成唯識論』では、第七末那識というものをたてて、それがつまりその――ですね、われらの迷いの根源であると、このようにいう。まあ、もっとくわしいことをお話しなければ意味がはっきりしないんでありますけれども、まあとにかく、これが迷いの根源である、まあこのようにこの――しておくのであります。

それからしてですね、その次にこの第八識を阿頼耶識という、と。阿頼耶というのは、あれはですね、シナ（の言葉）に翻訳するというと「蔵」という字になります、法蔵菩薩の「蔵」という字になる。まあそういうところからわたしはですね、この――阿頼耶識というものと、阿頼耶識というものと法蔵菩薩というものとこれはあの――ですね、思想的にですね、思想的に深い関係をもっておるものであると、このようにわたくしは思っておるのでございます。まあそういうことは、なにもわたしがはじめてそういうことを考えておるだけでないので、そういうふうな考えをもっておる人もやっぱり前には――、いわゆるこの真宗教学の学問をしている人に、そういうことを考えておる人もあったんであろうと思うんでありますけれどもですね、しかしわたくしは、まあ自分は、自分としましては、とくに法蔵菩薩ということと、それにつきましては、いろいろとわたしは――、いろいろ考えてきたわけでございます。

3

つまり、一切万法のですね、一切の万法のもとです、もとになる―もとになるところの、一切万法の因ですね、因とか、――つまりまあこの『成唯識論』ではですね、種子《しゅうじ》・現行《げんぎょう》ということをもうします。種子・現行。これはまあ「げんぎょう」。「行《こう》」―と、ふつう「こう」と読むんですけれども、仏教ではまあ「ぎょう」。「ぎょう」と読むのでございます。「げんぎょう」。まあ「現行」という言葉は、このごろはまあ現実々々ともうしますがですね、いわゆるあの現実という言葉と同じ意味だと、こうわたしは思う。しかし、現実というよりは現行という方がほんとうだとわたしは思うですね。それはまあ仏教のことをよく研究しておらない人が現実という言葉を用いられたのであろうと思うのでありますがですね、もし仏教をもうすこしですね研究しておるお方（が――）であるならばですね、現実というような言葉を使わないで現行という言葉を使われたのでないかと、こうわたくしは思う。だからふつうこう――現実と理想というような言葉がございますが、「現―実」と、現「実」というと実体的になるですね、実体的になる。だからこのその上に「現」の字をつけて、そうして実体化しないためにですね、ただ実体化しないという意味で「現—実」と「現」の字をつけて、そうして現実というておるわけだと思うのであります。だから、むしろそういうまぎらわしい言葉を使うよりも、現行という方がですね、現在の行と、行というのが——、この仏教では行という言葉であらわしておるのであります。

行というのは、「造作《ぞうさ》の義」といいますか、造作—造作というのは、造り作《な》すと書いてある。造作するものである、と。こういう意味をもっておるのであります。「造作」とか「進趣」とかというような、そういう意味をもっておるのであります。それですから、わたしはですね、現実という—現実という言葉を使って、そうしてこの今のこう——ですね、今のこう——わたしどもがですね、この世界—この世界にある、そういうものをば「現実」——そんなことといわぬ、「現実」などいわないで、それを「現行」と、こういうようにいうんであります。

で、仏教では法—ものの法ということがあります。万法といいます。万法—よろずの法ともうします。法ともうしますするのはですね、要するに法というのは、つまりですね、固定しないものでしょう。一刻も固定しない—せずして、そうしてこの——。固定するのは人間の、迷いでありましょう。人間の迷いでありまする。固定しないものでありましょう。そうしてそのつまりこう——万法というのは互いにですね、まあ流転というような言葉をふつう使いまするけれども、仏教では、つまり融通無碍といいますか。融通無碍である、と。法というのは、すべて融通無碍のものである、と。これはこういうもんだ、あれはああいうもんだ、と。こうその——一応はです、一応はこの、それぞれの特性というものは、それは認めなければなりませんけれども、しかしながら、すべて固定してしまうと、そういうことはない、と。固定しないということを「法」という言葉で表わしておるものでございます。固定しておるものは一つもない、みなこれ生滅—生滅流転—せざるものはないということを、それをば「法」という言葉であらわしたものと思われるのであります。

「法」という字は、ご承知の通り、サンズイ偏《へん》に「去る」という字を書いてあります。水のごとく流れる、と。水のごとく流れて、一刻も停止するということはない。だから、法は、いつもいつも新しいものである。つねにつねに新しいものでありまして、古いものはどこにもない、と。人間が迷うて、そうしてそれを固定して、そうしてそのわれわれはそこに我《が》というようなものをたてる。人間は我というものを立てて、そうして法を固定せしめて、そうしてそのためにわれわれはですね、そのために迷う、と。迷いというものを生じてくる。迷いというものを生じて、そうしてこの、それを所有するところの主体とか、またですね、そして他の――所有物とか。所有物とか所有者、と。所有者と所有物というもの、そういうものを考えてくる。それからまあそのですね、それはまあ一応はですね、そういうことを考えるのはですね、一応便利なんでしょう。一応そういうことを考えるのは便利でありまするから、一応そういうことを考えるのは何もそれが悪いというわけではないけれども、そういう考えにとらわれてしまう、と。とらわれてしまって、そうしてこの、人間がほんとうの意味の自主性と、そういうものを失って、そうしてこの人間がですね万物の奴隷―奴隷というものになる。つまり、すべて世界のものを、すべて法をば機械化してしまう、と。法を機械化してしもうて、そうして自分が主体だというけれども、主体だと自分が決めてしまうというと、いつのまにやら主体そのものがまた機械化してしまうというようなことになるわけでございます。まあ、そういうそのですね、迷いのいちばん根源になるものが、それがまあ末那識というものである。こういうように『成唯識論』には説いておるわけでございます。

4

ところがですね、それならばですね、ほんとうのもの—ほんとうのものを、つまり法ですね、その法というものを、それをばですね、どうしてそんならわたしどもは、その法というものをあるがままに、その法というもののあるがままのすがたと、そういうものを正しく見ることができるであろうか、と。まあそういう—そういう要望がありましてですね、それでこの第八阿頼耶識というものをたてておるのでございます。とにかくですね、わたくしどもがこう——ひとつの「われ」、われというその—「われ」というものを固定してしまう。とにかく固定しない「われ」、その固定しない純粋な「われ」というものですね、純粋な「われ」というものが、つまりこの阿頼耶識である、と。

それをこのですね、固定して、そうして「おれが」「おれが」とこういうのは、それは末那識というものがあってそうせしめるのであります。いくらこの末那識がですね、そのようにこの「おれが」「おれが」というて、そのものを固定すると、ですね。まず「おれが」というその—「われ」というものを固定するところに今度は、万物をみなすべて固定してしまう、と。そういうことになるわけでございまするがですね、いくら末那識だって、なんにもないものですね、根拠もなにもなしに分別して、そうしてこの「おれが」「おれが」とそういうふうにこの——そういうものをたてるということはできませんです。そうすればやはりこの——、そういうそのですね、よりどころになるものがつまり阿頼耶識というものでしょう。

阿頼耶識というものが、ほんとうの「われ」でしょう。純粋の「われ」と。それは阿頼耶識というもの、阿頼耶識によって自己—自己というものが——。純粋な自己というものは阿頼耶識にあるわけであります。その阿頼耶識をですね、それを執着して、そうして「おれが」「おれが」と、こういうふうにしてですね、そうして自分の権利と、わが権利というようなものを主張して、そうしてこの結局つまりまあですね、自分の与えられておるものを「おれが—」「おれがものだ」とするために、せっかく与えられておるものを失うてしまう。「おれが」「おれが」というもんだから、権利を失うんでありましょう。権利を主張しなければ、それがそのまま自分に与えられておるんですよ。それを自分の権利を主張するために、与えられて——、せっかく与えられておるものを失うてしもう。つまりこの公《おおやけ》のものですよ。公のものを、われわれはですね、それをこの私有物にする。

それはこの「われ」というものは公のものでしょう。また、その「われ」に与えられておる一切の法というものも、公のものでしょう。それをこの——ですね、この自分のまちがったですね「おれが」と、「おれが」と威張る、威張る。「おれが」というのは自分自身がはやですね、公の存在でなくなっておる。そうですね。この自分が、自分のこう——権利の主体と、自分が権利の主体であるなど、そういうようなことをですね、たとえそのですね議論―議論やなんかで論証してみたところがですね、そういうものを論証しようと思うのがすでにはや、自分が迷うておるんでしょう。論証擁護するということそのことが、すでにこの人間の迷い、迷いのもとであろうと思うですよ。だから、そういうようにして、どんなに巧みに論証してもですね、結局つまり——。世の中の人は、そうしてもつまり公の世界だと、こう世の中の人は思っておりまするけれどですね、仏教の方からもうしますならば、そういうのはみな私《わたくし》の世界をつくろうとするんです。私の世界。公の世界の中に私の世界をつくって行こうと、こういうようにそのしているわけであります。それがつまりその、自分を苦しめるものであります。

それでその、せっかくそのですね、われらにですね法として与えられておるものが、そういうもの全部失うてしもう。わがものだとこう——自分の方へよせ集めようとするものだから、みななくなってしまう。はじめからそこにあるがままにしておけば、それはみなほんとうの意味のわがものでしょう、それ。われに与えられておるんである。自然のままで、自然のままでわれに与えられておる。だから自然のままにして、そうしてそれを受け—受け用いていけばええんでしょう。それを自然に背いて、そうしてですね自分の——自分に私有物化し、そうしてこの自分の私利私欲を、それをこのみたそうと—こうする時に、一切の法はみな自分から去ってしまう。なんにもなくしてしまう—いうことを、つまりまあ阿頼耶識というものと末那識というものをたてたてですね、そうして教えてくださる—教えてくださるのが、つまりこの『成唯識論』において末那識・阿頼耶識というものをたてる所以であります。

5

それでこの阿頼耶識にはですね、いまここ(黒板)に書いておきました通り種子――。これは「しゅし」と書いてありますんだけれども、これはやっぱりなにか学問――学者がなにかやはりですね、発音の具合でもってですね、だれが聞いてもはっきりと聞きとれると、聞きとれるようにこの――発音をする、と。まあ仏教の学問ではまあ、そういうような学問でございますからしてですね、それでこの「しゅし」と書いて「しゅうじ」と、このように「しゅ」の字を長くひっぱる。長くひっぱれば「し」の字は濁って「しゅうじ」という。それはまあ「しゅし」と現行《げんぎょう》だろう、と。「しゅし」と現行でもええですけれども、「しゅし」ということになると、ちょっと早《はや》言葉でいいますというと聞きとれないですわ。そうだから「しゅうじ」とこういうようにいえばですね、それはもう一遍聞けば、だれが話してもよくわかります。やっぱりその実際の必要があるものですから現行と「しゅうじ」と、このように「しゅし」といわないで「しゅうじ」と、こういうように――、上の字は「しゅ」という字で、「しゅう」という字でありません、

「しゅ」という字でありましょう。そうだから「しゅし」と読まんけりゃならん。が「しゅし」というたって意味がわからん。「しゅし」なんていうと〝なんですか〟いわゆる「しゅし」なんていうと、さっぱりわからんですよ。なんべん聞いても「しゅし」なんてわからん。そこでこの「しゅうじ」と、こういうようにいえばですね「しゅ」という字は「たね」という、――「たね」という――ものの「たね」というような意味でしょう。

ものの種《たね》。もののつまりこの――ものの因、因でしょう。因とか果というてですね、ものの因になるものだろう、と。原因結果のあの因の字ですね。因という意味ですわね、これは。法の因ですわ。けれども、ただこの原因結果というような、そういう言葉は、ずいぶんこう抽象化されておるものでありますから、それをば「種子」という言葉で表わし、そうしてこの、その種子に対して、いま現に実際にはたらいておるですね、活躍しておるところの法のすがたをば、それをば「現行」と、こういうように申すのであります。だからこの現行と、現行というときになればですね、これはこの公のものでしょう。だから、ほんとうに現行というものに、ほんとうに接するにはですね、公明正大なですね心をもっておらんけりゃなりません。自分でですね、ものを私有化するようなですね、そういうような、ものを私するというようなですね、そういうですね公正を失しておるようなですね、そういうような心のはたらきをするならばですね、この現行というものはですね、そういうものはですね、われわれは了解することはできないと思うのでございます。

で、この、たとえば煩悩というようなことがあるです、これ。煩悩というようなことでもですね、やはり煩悩というものを、やはりわたくしどもはですね、公明正大なですね、心のはたらきでもって照らして見るならば、別に煩悩というものも悪いものだとか——あれは悪いもんだ、あんな煩悩など考えるというと——、煩悩などそういうものを書いた書物を読むというとですね、風俗—風俗壊乱する、と。風俗壊乱になるかならんかということは、その人の心がけがれておるかけがれておらぬかによって、風俗を壊乱したり——（壊乱）になるか、壊乱しないかということになる。もっともそういうことはまあ、この——ひとつのまあ社会の、ひとつのまあですね、人間の常識というようなそういうようなものに訴えて、そうしていろいろこう——そういうことがですね、文学とか文芸などのなかにあることなどもいろいろ議論されておるというようなわけでございます。

で、この『成唯識論』などは、この煩悩のことはですね、この煩悩のことなどは非常にめんみつに調べておるのでございます。めんみつに調べておるけれどもですね、それは別にその、きたないことを考えておると、そういうことではありませんわ。それはその、現行でありますからね。ものを現行として扱うていくんです。それはあの――お医者さんがですね、死体を扱うておられる。やっぱりそのお医者さんは死体を扱う時に、これは現行である、こういうようにして冷静にですね、公明正大なですね、純粋なですね学術の対象であると、学問の対象であると、医学の対象であるとして扱って、人間の死体など扱っておられますけれどもですね、心が公明正大でありまするならばですね、そんなこの――けがらわしいと、そんなように感じないわけでしょう。

そうですから、この――ですね、仏さまの、仏さまの御心《おんこころ》でもって、この――ですね、われわれ人間ですね、わたくしども人間――そういうものにこの公明正大な御心をもって、仏さまはごらんになるわけです。だから〝おまえは、きたない人間だ〟〝けがらわしい〟そんなことはおっしゃらんです。まあそういう、そういうことをわたしどもはよく念頭においてですね、ものを見ていく、と。そうだからこの、ものを見るときに「現行・種子」と、現行・種子という――そういうふうにものを見ていくということが――。それは阿頼耶識というものをたてて、阿頼耶識というものはそういう世界である。阿頼耶識というものは、そういうように公明正大の立場をもってものを見ていくところの識が、それが阿頼耶識というものである。もっとも、その阿頼耶識はですね、だれでもあるのです、これ。だれでもみなこの――。われわれは迷っております、愚かなものでありますけれどもですね、みなこの平等にです、末那識という―末那識というそういうですね迷いの根源になるようなですね、そういうものも――（そういう）はたらきもしておるのであります、ですしまたもうひとつ公明正大にその――。たとえば煩悩とか、そういうものに対しても、公明正大な態度でものを照らしていくという、そういう識というものがある。それがつまり根本―根本阿頼耶識と、根本阿頼耶識というものである。まあ、こういうことになっておるわけであります。

まあ、そういうようなことからですね、わたくしはですね、この「法蔵」と――。いわゆるこの「蔵識」と、阿頼耶識を翻訳すれば蔵識というですけれども、わたくしはですね、それをもうすこしくわしくいえば「法蔵識」と。一切法の蔵だ、と。一切―一切万法。万法のですね――万法はまあいろいろありますですね。万法といえば、まあ、けがれたる法もあるし、また清浄の法もあります。けがれたる法に対しても、清浄の法に対してもですね、それがその一方を卑しめ一方を尊ぶ、一方を愛する一方を毛ぎらいする、そういうようなこともなしにですね、それをきわめて公平―平等のですね心をもって照らしていく、と。こういうのが阿頼耶識というものである。そうすればですね、わたくしはですね阿頼耶識は、くわしくは「法蔵識」というものでしょう。法の蔵である、一切万法の蔵である。一切万法の種子ですね、一切万法の種子を、われら一人ひとりの阿頼耶識にもっておる。その法の――、法といえばふつうの現行法でしょう、一切現行の法のですね、その法の種子、種子というものを阿頼耶識はちゃんと、阿頼耶識のなかにもっておるんである。だからしてこの、その阿頼耶識というものは、一切万法みなもっている―種子をもっている限りはですね、私の―私のはからいというものをしませんです、阿頼耶識は。わがはからいという――、われわれ人間のふつうの、わたくしの常識のような偏見だとか私のはからいだとか、そういうものをもっておらずに、きわめて公明正大。まあ仏教では平等といいます。その平等の眼《まなこ》をもって一切の、一切万法の種子、たねですね、因です、そういうものを阿頼耶識は自分のうちにちゃんともっておる、と。もうですね永遠にです、永遠にそれを失わないのであります。種子というものは永遠に失わぬものであります。なくならぬものであります。

それからしてですね、ただ、もとからあるものだけもっておるかというと、そういうわけではないのでありましてですね、そういうのでなしに、それがですね、その種子が、この——ですね、このいわゆるまあ眼・耳・鼻・舌・身・意の六識ですね、それから第七末那識というものがありますがですね、そういうもろもろの識ですね、もろもろの意識、まあ全体を—全体を意識といいまするならばですね——意識というのは、まあ第六意識を意識とこういうのでありまするけれどもですね、また意識という言葉を、いまの時代、いまの学問でいうならば全体を意識と、こういうように考える。考えましてですね——。それからまあ、わたしどものまあ、この——ですね、人間の意識の—意識の生活といいますか、人間の意識の生活、と。とにかく人間が眠っておる——ごく熟睡をしておるとき以外は人間はとにかく前六識というものは働いておるわけでございます。まあ眼を開いておるわけでございまするが、しかしまあそういうものは、みなですね、とにかく私《わたくし》—私の考えをもっておる。そう——なんで私の考えをもって、私的なですね——、この公明正大のはたらきをしておらんかというと、末那識というものがあるからである。末那識というものがあって、そして公明正大を欠くようなことをするわけでございます。

そういうまあその公明正大でないようなですね、いろいろの——している人間の心のうごきといいますか、その心のうごき——そういうものを全部行といいます、そういうようなのを現行といいます。そういう現行—現行というものを、それをみなですね、阿頼耶識はそれをこの、これはおもしろくない、これはまっぴらごめんだ、そういうことはありません。なんでもですね、どんなものでもみんな公正—公明正大な態度をもって受けとっていく、と。どんな現行でもですね、どんな現行でもみな、現行に対してはみな平等の心をもって受けとっていく、と。そういうのがあります。まあ、そういうまあその——とにかくですね人間の、人間の生活というのは、第七末那識というものがありましてですね、そうしてまあそれが——、それによってその意識—意識全体がこうみな

――こうですね、さまざまのその悪い――みなけがされておるんでしょう。けがされておるんだけれども、けがされておってもですね、それに対してにがい顔をしないでですね、いつでもこのほがらかな、いつでもほがらかな心をもってそれを受けとっていく。それが阿頼耶識というもんでしょう。そういうものがみんなにある、と。だれにでもある。だれにでもあるんでありますよ。そうだから、このわたくしどもはですね、みずからを軽しめたり、あるいはまた、他人《ひと》をあなどったりするべきものではない、と。

阿頼耶識というそういうもの―大きなですね――のはたらきというものがある。そうして、その阿頼耶識という大きな世界ですね、阿頼耶識という大きな世界というものがあるわけであります。で、この阿頼耶識という大きな世界があって、そしてまあわたしどもはですね、このわたくしどものいま現在おる世界と、それからしてこの、いわゆるまあ仏さまの浄土と、そういうものがですね、そういうものがですね阿頼耶識の世界におきましてはですね、まったく――つまりですね一枚の紙の裏表のようにですね、なってておるわけであります。

そのようなことを、いまくわしいことはいえませんがですね、まあそういうようなことから、わたくしはですね、法蔵菩薩というのをですね、法蔵菩薩の本願と─本願というのはいったいなにか、この──種子だと、この種子を本願という。つまりこれまあこの法蔵菩薩にはこの──ですね、五劫─五劫思惟の本願と、それから兆載永劫の修行ということをもうしますがですね、これが、つまりこのやっぱり、種子・現行ということになるのでございます。それからして、もうひとつですね、おし進めていくならば、すなわちですね「南無阿弥陀仏」行て南無阿弥陀仏、と。南無阿弥陀仏というところに帰着していくものであると、こういうように考えられるわけであります。

6

それでわたくしはですね、このですね法蔵菩薩というのは、わたくしどものひとつのですね阿頼耶識。まあ『成唯識論』では、阿頼耶識というのはみな、これはつまりですね、一人ひとりですね、一人ひとりが阿頼耶識ですわ、これ。一人ひとりが、わたくし、と。わたくしとか、わが身と、こういいます。わたしとかわが身という─ほんとうの、ほんとうの自己、と。清沢先生が「自己とは何ぞや」といわれますが、あの自己という

―あの自己という―純粋なる自己であります。純粋な自己はです、これはつまりまあですね、相対有限の、ほんとうの意味の相対有限であります。わたくしどもは、このですね、相対有限というと、純粋な相対有限というようなことを考えないで、相対有限というと、そこになにかひとつのこう――それそれみんな色をつけて考えます、相対有限というと。ほんとうの相対有限です、純粋な相対有限。

で、あの、たとえばですね、あの善導大師のあのですね、機の深信・法の深信、と。あの「法の深信」は、絶対無限―絶対無限の阿弥陀如来を信ずることを記《しる》したものでありまするし、「機の深信」はですね、相対有限の自分というものを深く信知すると、深く信知するというのであります。自分を毛ぎらいするということでありませんわ。機の深信というのは、あれですからね、自分ほど尊《たっと》いものはないです。尊くまた自分ほど大切なものはない。それをね、私の考えを入れると変なものになるですよ。機の深信というものを解釈するというとすぐあそこにこう――私の考えを――色をつけましてですね。機の深信――あれはですね、仏さまが―仏さまがごらんになった、仏さまがごらんになった通りをのべておるんでしょう、あれ。「わが身は現に是れ罪悪生死の凡夫、曠劫より已来《このかた》常に没《しず》み、常に流転して、出離の縁有ること無し」と、決定して深く信知する。

信ずる——、仏教で信ずるということは信知—信知する、と。ふつう信仰なんていうて、信仰するという言葉がございまするけれどもですね、仏教—仏教の信という「信」の字は、知るということであります。知るということ、知るというのが「信」という字のほんとうの意味であります。だから信知といいます、信知。だからこの深く信ずるということは、深く信知するということである、信じ知るということである。信ずるとは、知ることである。信ぜずして、知るということはありません。自分は—自分は、自分を信ずることはできないが、自分を知ることはできる——そういうことはありません。で、わたくしが自分を知るということは、自分を信ずるということであります。だからこの信をはなれて、知るということはありません。

わたくしどもはこの信をはなれて、そしてこの知るということがあるように思いまするけれども、公明正大—公明正大で、表は非常に冷静である、表は非常に冷静であるけれどもですね、しかしこの——冷静だけれども、ほんとうに信知ですね、絶対信知、その信—絶対信をもっておるんでしょう、自分に対しては。自分に対しては絶対信をもっておるんですよ、これ。また絶対信をもつべきものでしょう、これ、自己に対しては。そうするとその、この自分はあさましいと、あさましいからというてですね、力をおとしたりですね、あさましいからというて自分を毛ぎらいしたり、劣等感を起こしたり、そういうことはしないことですよ。機の深信は、劣等感ではありませんわ。

自分ほど尊いものはない。自分ほど愛すべきものはない。自分ほどですね、かわいいものはない。だからですね、自分を見すてるということはありません。自分がどんな――どういうものであろうとも、自分は自分を――。ほかの―ほかの人が――。世界中の人から見すてられましても、自分が自分を見すてるということはありません。自分はですね、一切を見すてても、自分を見すてることはできない。自分だけはですね、自分だけはこれはほんとうに信ずる、―信じなきゃならん。

で、この自分を、自分というものをほんとうに信ずるということがほんとうにできるならばですね、それがわかったならば、わたくしどもはまたですね、自分以外にそんなならほんとうに信ずべきお方はあるかないかといえば、わたくしはですね、つまり如来―如来を信じなきゃならん。如来と自分というものはこれ、相い離れないものでしょう。

だから、如来を信ぜずして自分を信ずることはできません。また、自分を信ぜずして如来を信ずるということはできません。自分―自分を信ずるということと如来を信ずるということとは、一つである。だからこの、わたくしはですね、自分が自分を見すてるということ――自分が自分を見すてるということができればですね、わたしが如来を見すてることもできる。自分というものは――、なにを見すてても自分だけは見すてることができない。だから、わたしどもはまたですね、自分を離れること、すてることはできないから、また如来をすてることはできない。で、如来をほんとうに信ずるということは、自分をほんとうに信ずるということと一つなんでしょう。

それでですね「わが身は現に是れ罪悪生死の凡夫」と、冷静にですね、冷静にこの――わたくしどもはですね、人間の常識などでもってですね、変な悪い色をつけないで、悪い感情とか、そういうものをつけないで、そうしてこの仏さまの――、仏さまがわたくしどもを見ておいでになるのと同《おんな》じ心をもって自分を見る。それがつまりこの――ですね大慈―大慈悲心というものでしょう。大慈悲というもんでありましょう。仏さまがごらんになる、仏さまがわたくしどもをどういうように見ておいでになるか、と。つまり仏さまが、われを見ておいでになるのと同じ眼をもって、わたくしはわたくし自身を見ていくと――いうのが、機の深信というものでしょう。だから、言葉は―言葉もですね、「わが身は現にあれ、きわめて冷静に「わが身は現に是れ罪悪生死の凡夫である」と。「わが身は現に是れ罪悪生死の凡夫である」と。

「罪悪」は、未来―未来のための因でありましょう。「生死」は、過去の果でしょう。だから、現にわたくしどもは、過去に―過去に報《むく》い未来を惹起する、そういう存在である。わが身は現に、現に是れ罪悪生死の凡夫である。これ、現行でしょう。現行を正しく照らしておるんでしょう。自己という―自己というものの現行、自己の現行というものを、それをわたくしどもは、なんにもですね憎みもしないし、またすこしも不公平なですね見方もしない。なんの不公平もしないで、きわめて正しい――自分をですね、きわめて正しい見方をして行く、と。厳粛であり、また尊いものでありましょう、自分というものは。(そう)いうことをちゃんともうどこまでも信じておるんでしょう。ですからその決して自分をいつわったり、自分を弁護したり(しない)。自分がですね、自分が少しでも、わたくしどもが自分で少しでも劣等感と、劣等感など起こしまするならばですね、わたくしどもはなにか自分をごまかそう、ごまかそうとします。けれども、劣等感など、どこにもないです。それゆえにわたくしどもは自分―自分の現行と、自分の現行の―現行のままです、現行のままをわたくしどもは正しく信知していく、と。それを機の深信といいます。深く深く信知する。

7

だから、自分が自分を見すてるということはしません。自分が自分を見すてるということをしないから、また仏さまは自分をお見すてなさらんということを知ることができる。自分が自分を見すてるならばですね、仏さまもまた自分をお見すてになるにちがいありません。自分がほんとうに――、現行のままの自分をほんとうに敬い、ほんとうにそれを信じ、ほんとうにそれを愛するというならばですね、わたくしどもはまた、仏さまをほんとうに信じ、また――信じていくということですね、仏さまのおたすけと―仏さまのおたすけということを、またわたくしどもは信ずることができるわけであります。自分が自分を軽しめると、自分が自分を軽しめるようなものをですね、仏さまはおたすけくださるわけはありません。自分が自分を重んじ、自分が自分をほんとうにですね、絶対的に自分を愛し、自分がほんとうに自分を尊ぶ。ね。そういう自分というものを――、自分であるということを自分が信ずるかぎりはですね、また、仏さまもまた、わたくしをどこまでも信じ、どこまでも愛し、そしてこの、どこまでも自分をおたすけくださるということを――（それに）まちがいないし、また、そういう仏さまをわたくしどもは信ぜざるを得ないと思うんであります。

自分が―自分が自分を信じられないから仏さまを信ずるのだと、そんなふうにこう――わたしどもは考えることはしません。けども、自分はほんとうにこの自分を信ずるから、だからそういう自分を信ずるものであるからして、だからわたくしどもはですね、絶対者――、絶対無限の仏さまがまた、わたくしどもをほんとうに信じ、そしてわたくしどもをほんとうに愛し、そうしてこの仏の願力をもってわたしをおたすけくださる。だからまた、わたくしは自分を信ずるが故に、また仏の――仏がわたくしどもをすてずしてたすけてくださるところの仏の本願力を、わたくしどもは心の底から信知することができるわけであります。それを二種深信というんでしょう。こういうのはひとつの現行です、現行を信ずるんであります。理念とか理想とかというものなどは別にありませんです。みなこれ、これみな共に現行である。だから、仏さまの本願というものもまた現行である。だからしてですね、この自分を愛するから、自分を愛するからというてですね、わたくしの―わたくしの私心《ししん》「わたくしのこころ」、私心をもってわたくしを愛するということはありません。やっぱりこれは公明正大に自分を愛する。公明正大に自分を愛し、公明正大に自分を信ずる。それを機の深信・法の深信、と。二種深信は一つであるというわけであります。これはきわめてですね、これはきわめてですね正しいことでありましょう。それはきわめて正しいことでありまして、そこにはなんのごまかしもない。だからこの――ですね、愚かなるものを愚かなるものとしてですね自分を知るのであります。だから愚かなるもの―愚かなるものが愚かなるものでないと、自分をかざったり、いいわけしたり、かざったりすると、そういうことはする必要はない。なにもかくすところがない。ひとつもかくす――なんもかくさんです、なんもかくさずみんなこう――公明正大に、なにもかも打ち出す。打ち出していくのであります。

だからしてわたくしどもはですね、わたくしどもは――、たとえば自力自力といいます、あの自力自力ともうしますのは、あれはわたくしのはからいでありましょう、あれ、自力というのは。自力をすてるということは、これはわたくしのはからいをすてるんでしょう。機の深信ということは、わたくしのはからいではありません。これは事実でありましょう。現行でありましょう、これ。ひとつの現行の相《すがた》でありましょう。この現行の相をどうするという―そういうことはですね、考える必要はありません。現行を現行として、わたくしどもは正しく承認していく、と。現行を正しく承認していく。そうしてこの、それを私するような考え、それを自力という。自力の心、と。私する「私心《ししん》」私の心をもっていろいろの、いろいろのことを始末していこうとするのである、そういう始末などをしないところにですね、そこにわたくしどもにはですね、また絶対無限の仏さまと、仏さまを――仏さまの本願力というものを、わたくしどもは領解《げ》していくことができるわけであります。これはもう、仏さまと私―衆生というものは、相い離れない深い―深い関係をもっておるものであります。

で、あの――わたくしが前から注意しておる言葉はですね、『成唯識論』の中にこういう言葉が、その――阿頼耶識、その阿頼耶識の――、阿頼耶識はつまりわたくしどもの、ひとつのまあ体《からだ》ですね、人間の体というものについてですね、この体というものはひとつの、これは綜合といいますわ。つまりこの、阿頼耶識―阿頼耶識の世界といいますか、阿頼耶識の世界というものを見るというと、この――ですね、つまりいうてみれば私《わたくし》の「わが身」というもの、「わが身は現に是れ罪悪生死の凡夫なり」。

「わが身」といいますね、あの「わが身」というものを正しく「わが身」といえるのはですね、やはりこの阿頼耶識ですね。阿頼耶識という――阿頼耶識というものは、このですね体ですね、この身というもの―この身というものをですね、それをちゃんと見ていくものですね、公明正大な心でもってわが身というものを見ていくんですよ。わが身を見ていく、と。わが身というのは、つまり阿頼耶識の世界にあるんでしょう。わが身というものはですね。だから、阿頼耶識というもののわからぬものはですね、すぐ――、わが身というとすぐなにか、そこへこう――ね、わが身というと「わが身というのは軽いものだ」そういうて、こう――すぐですね、わが身というと私《わたくし》の、すぐに私有物みたように考える。わたくしの私有物、わが身というと私有物、と。ところがこの阿頼耶識でわが身というのはこれ、公明正大な存在であります。わが身―わが身というのは公明正大な存在。

　そのわが身というのを、わが身を正しく見ておいでになるのは仏さまですよ。だから、わたくしどもは、仏さまを信じ、そして仏さまの眼をもってですね、仏さまの眼をもって自分を見ていく、と。自分を見ていくというときに、わが身というものをほんとうに——、恥ずると—肩身《かたみ》をせまくすると、肩身をせまくしないでですね、もっと肩身をひろくして、そのわが身の現行—わが身の現実—いわゆるまあ現実ですね、現実いわゆる現行、現実—現行というものをわたくしどもは見ることができる。これは「俯仰、天地に恥じず」というものでしょう。俯仰天地に恥じざるわが身ですよ。だれにもかくす—かくすことはない。だれに対しても、それをかくして（いく）必要はない。わが身というものをもう赤裸々にですね、わが身というものを——。わが身というものはもうひろい、この——ですね、仏の、如来—仏さまがですね、ご照覧なさる通りの—ままのわが身というものを見ていくことができる。わが身ですね、わが身と。

8

それからこの、まあこんなこと話しなくてええのかも知れませんけれども「依報《えほう》・正報《しょうぼう》」ということを仏教でもうしましてですね、つまりこの——ですね、まあ『成唯識論』——『成唯識論』なんかでみますというと、あれですね、たとえばわたしどもが、たとえばこのひとつの家に住んでおる、と。みなさん大勢のかたがこのお座敷におる、と。同《おんな》し一つのお座敷におると、こういうてますけどもね、ほんとうはあれ——ですね、一人ひとりがみんな自分の、自分の世界がある。一人ひとりが自分の世界がある。一人ひとりが自分の世界がある。それでこの、わたくしどもは共通の世界とか共同の世界というようなことをもうしまするけれどもですね、共通の世界とか共同の世界というようなことをもうしまするけれどもですね、ほんとうはですね、共通とか共同という世界は『成唯識論』なんかでいうとないんでありまます、ほんとうは。ほんとうはないのでありましてですね、ただその業——、われわれの業が似ておる、と。業が似ておるというとですね、みんな共通の世界におるように感ずる、と。

一つの本願寺なら本願寺の、東本願寺なら東本願寺のですね大師堂へみんながお参りした、と。そうするとまあ東本願寺の大師堂という一つの大師堂というのがどこかにあると、そういうわけではないのでありましてですね、ほんとうはですね、東本願寺の大師堂というのは一人ひとりがみんな自分々々に大師堂をもっておるんです。その大師堂はみんな——、だいたいその、わたしの感ずる、わたしの「感ずる」といいます、わたしの感じておるところの東本願寺大師堂というものと、みなさんがお感じになる東本願寺大師堂というものが、だいたい同じように、同じ形に見えるんですよ。そこで、みんながですね、東本願寺の大師堂はたった一つであって、そうしてそこへまあ——約束をして、二十八日になってみんなお参りした、と。みんな同じ一つの大師堂へお参りしたんだ、と。こういうようにわたくしどもは思っておりまするけれども、ほんとうはですね、一人ひとりが一つずつの大師堂を持っておるといいますか、持っておるという言葉でなくて感じておるというか。感ずるといいます、感——、感じ招くといいますか、感《かん》招《しょう》する、と。そういうものであります。

そんな（も）んなら、いったいその、たとえばですね、山に一本の桜がある、と。そうしたらまあ、だれかがですね、わがもの(という)考えにしたがって、みんなの――、自分の所有物でもなんでもない桜の枝を、大きな枝を取っていった。そうすると、その人にすれば、それは私の領分のものを取ったんだ、と。そんなら、その人の領分だけ取っていったかというと、そういうわけにいかんですよ。その人が枝を一本取るというと、みんなの領分の――、みんな、だれが見ても一本の枝が無うなってしもうた。そういうことがあります。これはその――。まあそういうことがある。そういうようなことはですね、これはまあ業が似ておるから、同じ業ということはありませんけれども、まあだいたいまあ、だいたいにおいて似たような業があるもんだから、それでまあ一人の人間が自分の―自分の領分に属する枝を取っていったと、その人はいうけれどもですね、しかし他《ほか》の人の領分までも犯しておる、と。犯しておるのは他の人の領分の桜の枝も取られてしまった、と。無《の》うなってしもうた。こういうことがございます。

これはあの――、よくですね、わたくしどもが子供の時分に唯識の話、仏教の唯識の話を聞いたことがありまするが、ある和尚さまが夜になるというと、この自分ひとりなにかこう――(戸)棚をあけて、なにか食べておられる。それで、お小僧さんが「なにか和尚さん食べておられる」と、のぞき見してみつける。それでこんどは、ひとつ自分が盗んで食べようと思って、それからまあ、お小僧さんが、和尚さんのおらんときに、そのままあアメならアメを盗んで、そうして食べた。そうするとある日、和尚さんが「わたしはここへアメをおいたはずだが――ないが、おまえが食べたのでないか」、こう、その和尚さまがお小僧さんを責めたれば「わたしは、わたくしの感じておりますところのアメを食べたのでありまして、和尚さまの感じておいでになるところのアメは、わたし食べたんでありません。わたしは、わたしのアメを食べたのでございます」。そうしたれば和尚さんも負けてしもうて、お小僧さんに負けてしもうて、もう一言もなかったと、いうような話をしてですね、そういうのはまちがった考えである、と。法相唯識の『唯識論』の考えは、そういうものではない、と。みな――ですね、それは公《おおやけ》の―公のですね、道理を説いていくのが『成唯識論』であるのに、公の道理を私《わたくし》のはからいでもって解釈しようとするから、そういうまちがいが起こるんだ、と。

だからその、公明正大な態度でもってこの所有――所有物ですね、所有―所有ということは、みんなが―みんなが所有観念と、所有観念というようなそういう考え、そういうものを捨てて、そうして一切は公のもの―存在であるという、そういう立場に立って仏教の学問というものをしていくときになれば、そのような問題もまたですね、正しく解釈し、また正しく領解《りょうかい》することができる。だから学問の――、学問をそれを実用的に考える――実用的に考えるのはやっぱり、人間の常識というものはたいがい、私のはからいというものを元にして、そうしてものを考えていく。そういうことと学問というものと混乱してはならぬと――いうようにですね、わたくしどもは子供のときに、そういうことを教えられたということをおぼえておるのであります。

9

で、わたくしは、そうだからその、わたくしどもの友だち――、浩々洞というものが昔、明治時代にありましたんだが、あの浩々洞に――。ほかの人たちはですね、ただ仏さまのお慈悲を信ずる、と。仏さまのお慈悲にたすけられる、そういうようにもうしましてですね、そうしてまあその仏教経典に記されてありますところのですね、『大無量寿経』――真実教といわれる『大無量寿経』に記されてあるところの法蔵菩薩なんて言葉を、だれもそういう言葉など使う人はなかったのでありまするけれども、わたくしはまあ『成唯識論』を少しばかり学んでおりましたものだから、自分だけはこの——この法蔵菩薩の——、法蔵菩薩ということ、それから法蔵菩薩の本願というようなことについて自分は、自分は自分一流のまあ考えをもっておったようなわけでございます。

いま、たとえばこの種子・現行ということ。たとえば本願と念仏、と。本願は種子である、念仏は現行である。こういうようにまあ——、もっとも、こんな断片的なことでいうても、おわかりにならんでしょうけれども、まあそういうように考える。それからまあ、この学問ですね、この聖道門のほうの学問では阿頼耶識と。往生浄土の実際のです、実際のこの、われらのですね一般の、ひろく一般の人たちがですね、一般の人たち——学問などしない一般の人たちが、この——人たちのためにはですね、それを法蔵菩薩と。阿頼耶識を——、阿頼耶識などいうようなことでは一般の人には領解できぬから、それをば法蔵——ですね、法蔵菩薩として、法蔵菩薩の名前でわれらに教えてくださるわけだと、こういうようにわたくしはまあ領解しておったようなわけでございます。この頃はあまり、阿頼耶識のことなどはまあ話しないのでありまするけれども、たまたま法蔵菩薩の――という題をあたえられたものでありまするからして、まあちょっとこのようなお話をもうしあげたような次第であります。

まあ今日《きょう》は『成唯識論』に書いてある阿頼耶識の話はこれぐらいにしておきまして、明日《みょうにち》は、ご開山さまがですね、ご開山さまがその法蔵菩薩については、どういうようにご開山さまはご領解《りょうげ》なされてるだろうかと、いうようなことからはじめて、いろいろお話をしたいと思うのでございます。

今日は、はなはだこう――ぎこちないことをもうしましたので、とにかく阿頼耶識ということと法蔵菩薩ということですね、これはまあ聖道門流に――、聖道門の考えからいえば阿頼耶識というものを立てる。ほんとうの自己―「われ」といいますわ。するとこの法蔵菩薩というのもです、わたくしはやっぱりこの――、法蔵菩薩というのはまあ、いうてみれば仏さまなんです、仏さまだけれどもですね、つまり仏さまを自分自身の心の深いところに仏さまをこう――見出していこうと、こういうのが法蔵菩薩であろうとわたしは思うんであります。ただ阿弥陀如来さまというときになればですね、こう――どうしてもこう――ですね、対象化されてくるかたむきがあるのでございまするが、法蔵菩薩というときになるというと、はじめてですね仏さまをですね、自分自身のですね生活です、自分自身の精神生活の深いところに、この――ですね、仏さまの根というものがある。仏さまの根というものは、自分自身の深いところに、仏さまの根というものを持っておるんである――いうことをわたくしはですね、そういうことを教えるためにですね、この法蔵菩薩ということを『大無量寿経』に教えてくだされてあるのである、ということをわたくしは思う次第でございます。

第二講

1

昨日《きのう》は、わたくしは法蔵菩薩――、阿弥陀如来の因位・法蔵菩薩のことについて、自分はこう――非常になにかこう、法蔵菩薩のことを読みまするとと非常にこの、非常に感激をするものでございます。まあ、そういうのでまあ――、それからもうひとつはまあ、自分が少しばかり研究をしておりますところの『成唯識論』のなかにあるところの第八阿頼耶識――。阿頼耶識というものと法蔵菩薩と照らし合わしておりまするというと、これはだいたいまあ――、一方は自力聖道門のおみのりでありまするし、一方は他力本願のおみのりでございます。これはですね、自力聖道のほうでは阿頼耶識として説かれておる。それがこの他力本願のおみのりでは、御仏《みほとけ》の因位・法蔵菩薩として説かれておるのである。こういうようにわたくしは領解しておったわけでございます。

まあ、そういうことをお話するというと、ずいぶん人さまからその「妙なことをいうておる」と、そういうので人さまからいろいろその非難をされ(た――)されて、またそれがまあ結句つまりまあ自分にはひとつの災難を受けた、と。まあ自分でいままで――、今日《こんにち》いまはまあ八十八歳になるのでありまするが、まあずいぶんさまざまの災難を自分は、宗門のなかにおってさまざまの災難を蒙ったのでございます。これはやっぱり、そういうようなことなどもですね、やはりこの宗門のなかでは、ひとつの異解と、異解者というもの、異解者ということでやっぱり非難をされたと、まあそういうようなことであろうと思います。けれども、なにもそのですね、こういうことはなにも自由なことだと思うんであります。別に自分は間違っておるとは今日《こんにち》でも思っておるわけではありません。

いったいまあその――ですね、この阿頼耶識とはですね、もうひとつ第七末那識―末那識・阿頼耶識ということを昨日《さくじつ》お話しましたのでありまするがですね、この末那―末那とか阿頼耶というそういうようなひとつのまあ、ひとつのまあですね、こういうのはひとつの深層《しんそう》意識というものでございましょうがですね、まあ心理学――心理学なら心理学というものでいえば深層意識というようなものでありましょう。いわゆるまあ、ふつうの常識からみればですね、これはまあ無意識ですね、無意識というようなところにあるのでありましてですね、つまりこう――意識の、ふつうの意識――そういうものはですね、ときには―ときにはそのですね、はたらきが断絶するということがある。意識というものには断絶ということが、われわれにはある。まあ、一番近いところではですね、まあ、ごく――われわれがね、深い睡眠をしたときには意識が断絶しておるんであります。では、そのときにそんなら意識は断絶しておるのに、その人はなお生きておる、と。生きておるということは、やはりわたくしどもにはもうひとつこの――ですね、われわれに自覚しないような深いですね、深層意識というものがある、と。まあ、こういうようにまあ考えられる。

これはまあ、そういうことを専門の学問があるのでありましょうが、わたくしは別にそういうような学問をして――、心理学の学問などをしておるのではありませんけれどもですね、これはですね仏教でははですね、やはりこのひとつの大菩提心ということですね。この生死―生死を乗り越える、と。この、われら現在の、現在においてですね、現在においてわたくしどもはこの――ですね、わたくしどもは現在―現在（とは）いわゆるまあ現実といいますか、現実というそういうものが、ほんとうにですね、わかっておればですね、迷いということはありません。その現実―現実とか現行とかというものを正しく見ないですよ、ね。それに対して、プラスとかマイナスとかしておる、われわれの分別というものでですね。プラスの分別もあれば、マイナスのほうの分別もある。すなわち積極的な分別、消極的な分別、そういうものがあるわけであります。それをこの――プラスもなくマイナスもなくですね、まったくそのですね、現行―現実のあるがまま、あるがままに、あるがままというそういう――、そういうところに、そういうところにこの――われわれは安住しておりまするならばですね、もうなにも迷いというものでありません。

なんもその現実や現行そのままが迷いだというわけではありません。その現実―現行に対して、プラスとかマイナスとかというわれらの分別ですね、そのプラスの分別やマイナスのその分別をすると、そういうことでもってそのわれわれの迷いというものがはじまり、そうしてまたわれわれにはいろいろの苦悩というものが起こり、そうしてこのわたくしどもには、すなわち生死というものがある。生死というもの――生死というてもですね、わたくしどもが生まれたり死んだりするということですね、生まれたり死んだりするということ、これもひとつの現行でしょう、あれ。なんもその生まれたり死んだりするということは、なにもそのですね、すぐ迷いだというわけでありません。わたくしどもはその生―生とか死とかということについてですね、一方を愛着し、一方を恐れ、一方をその――つまり厭う、厭いまた恐れる。そういうことがすなわち迷いというもんでしょう。生死そのものが迷いというもんでありません。

これはですね、わたしどもはですね、すぐ生死というものは恐ろしい、と。生死をくりかえすのは恐ろしい、と。そういうのはまあですね、まあ心理学者にいわせれば、そういうのはまあノイローゼというもんだろう、と。一種のノイローゼ、迷いというのは一種のノイローゼ、ノイローゼというても差し支えないのでなかろうかと、こう思うんであります。なーんかそのノイローゼなんていうのは、それはまあ直す方も、それはまたそういう心理学者がですねおられて、それを直すということもできるか知れませんけれども、そんならいっぺん直したらもうそれで罹《かか》らんかといえば、そういうわけではありません。また罹りやすい、そういうひとつのまあですね、そういうようなひとつのまあですね体質なら体質とか、そういうふうな心の、意識の方面において、そういうような、罹りやすいようなですね心の動きをしておるものは、直したってまたすぐに罹るということもあるだろうと思うんであります。とにかくまあもうひとつ――、やはりその生死というものに対し、生と死というものに対してですね、わたくしどもがひとつのこの迷いというものをもっておるんでしょう。その迷いは――。生死そのものは迷いではない。

それから、もうひとつ考えるならば煩悩ということがあります、煩悩。この、煩悩というものがありまするがですね、煩悩というものそのものもですね、悪いものでもなんでもない。煩悩―煩悩てなにもその悪いというわけでもない。また業―業でもそうです。

業というものも、それが―業そのものが迷いというわけではありません。われわれはですね、その煩悩―煩悩というものに対してですね、やはりわたくしどもはですね、それに執われていくんでしょう。それに執《しゅう》――、それに縛られなければ、なんともない。けどもまあ、なかなかその――ですね、われわれはそういうものにこの――ですね縛られる。あれですからね、こっちのほうから願うて縛ってくれというようなものです、縛られるようにですね。そうだから第三者がみているというと、「まあ危い話だ、もう少しちょっと目を醒ましたらよさそうなものだが、まあ危い話だ」。第三者がみれば、そういうんですけど、本人からみればですね、それはもうあれですからね、まことにそれはまあその人は、一種のまあですね三昧に入ったような気持であろうと思うのでございます。やっぱりまあそういうのも、煩悩というのも、ある意味において一種の三昧境と――ですね、こういうようなものにも考えられるものであります。

だからしてですね、この――いわゆる煩悩というものがあったりですね、それから生死というものがあったり、そういうのはひとつのこれ現行というもの、行というものでしょう、これ。行というものはなにもそのですね、これはなにもね、それはすなわち法というものが―法というものがいろいろこう――縁によってさまざまに変わってくるものだと、いうことがですね、わかればですね、なにもそのね、それに括《くく》られるということもなし、またですね、それに圧迫されるというわけのものでもないのでありましょう。

2

これは仏さまから見ればそういうものであるわけだけれども、しかしそのわれわれはですね、われわれは、やはりこう――。ちょうど夏のあの――ですね、あの光に――電燈の光に迷うてくるあのですね、あの夏の夜の虫のようなものであります。そうしてまあこの――いのちを失う、と。まあ、わたしはよく知りませんけれども、まああの燈に迷うてくるあの虫というものは、なにかこう――どんなにかまあその――あの光が、どんなにか美《うるわ》しく見える。そしてまあ、そのためにもうその――ですね、つまりまあいうてみれば、そのためにいのちを捨ててもええ、と。いのちを捨てても悔いがないと、いうことでしょうね。（と）いうようなまあですね、虫がどう思うているのかわたしはわかりませんけれどもですね、まあ人間でいえばもうですね、あの光に接すれば死んでもええと、いのちは惜しくもないと、こういうようにまあ、まあ感ずるものと思える。それがまあ狂乱のようになってその――ですね、電燈にぶつかってくる。

そうだからまあ、そういうようなものでありましてですね、まあわれわれ人間もですね、このあの――蛾だけをあわれむというわけでありません。われわれもやっぱりまあ、仏さまの眼から見るというと、あの蛾の仲間であるのとなんにも変わりがない。いや、われわれは万物の霊長だとやら、われわれはその、われわれは実存であるとやら、威張っておりまするけれどもですね、それは蛾もやっぱりわれわれは実存であると威張っておるかも知れません。それはみんなその境遇――、その境遇その境遇のなかではですね、やはり自分が実存だと思って威張っておるのに違いないと思います。一寸の虫にも五分《ごぶ》の魂があると、昔の人はいうておる。その魂というものがあるというならば、やっぱりそれもひとつの実存者であると、こうも――。蚯蚓《みみず》―蚯蚓もまた、五分の魂をもっておる、一寸の蚯蚓もまたですね、万物の霊長であるとですね、こういうても差し支えなかろう。そうすればみんな万物ことごとく、各自各自にみな霊長であると、こう思っておるに違いないとわたしは思います。みんなそういうようにこの、自分が霊長である。

それはまああの、小さい蚊が、あの——ですね、この人間を刺しにくる。そして蚊からみればですね、人間は、これは自分の食べ物である、と。それで蚊からみればですね、人間は—人間は自分たちの食べ物であると思うならばですね、自分のほうが万物の霊長であるに違いない。そういうことになる。だから、人間だけが、俺は万物の霊長だということはですね、それは人間世界だけに通用するんであって、人間以外のものには通用しないもんである、いうぐらいのことをですね——。こう——仏さまは知っていなさる。仏教以外のですね、あらゆるですね宗教、またあらゆる学問はみな人間をもって万物の霊長だとこうして、それから実存者であると、この宇宙—世界における実存者であると、このように主張して——権利を主張しておりまするけれどもですね、そういう権利などいうものはすべてこの——迷いの根本である。

そうだから、仏教ではですね、「一切衆生」といいなさる。衆生というときになれば霊長でもなんでもないのであります。あの夏の光に—燈に飛びついてくるところのあの——あのですね虫たちとなんの変わりがない。要するに、つまりただ—ただ少し悪賢いだけである。悪智慧をもっておるというだけでありまして、ええ智慧を少しももっておらんもんである、と。まあ、だいたいそうしておいでですね、それはまた――。とにかくまあ、このわれわれのですね、とにかくまあ人間以外のものには別に宗教というようなそういうものはまあありませんので、とにかくまあ宗教というものは、だいたいまあですね、人間は万物の霊長でないと、そういうものではないということですね、そういうものでないということをだいたいまあ前提してですね、そうしてこの仏のさとりというものがあり、また仏の道というもの、また教えというものもあるのであると、こういうようにわたくしは思うのであります。

こんなことはまあ――ですね、ほかの一般のかたがお聞きになれば、「なんと馬鹿なことをいう」と。一笑に付しておられるかも知れませんけれどもですね、けれどもまあ、こう――ですね、人間は―人間は自分――。人間は人間の仲間だけでこう――まあですね、人間は神さまと同じすがたであるというようなことを考えておる。まあ、そういうようなわけでありますからですね、とにかくまあ如来は平等の―平等の智慧と、平等の智慧というものから、また如来は平等の大慈悲心というものをはたらかしておいでになるということであります。

3

それで、わたしはですね、つまり大菩提心というものですね、つまりこの阿頼耶識は大菩提心のひとつのですね、根源でありましょう。根源であり、また自覚原理というものであろう。それがなければ、わたしどもに大菩提心と、そういうものはこの――ですね、成立しないんでありましょう。で、つまりまあわれわれのですね、他力―他力門の立場からみれば、あれは自力の大菩提心。自力――。

親鸞聖人は、菩提心というものについても、自力の菩提心と他力の―如来廻向の菩提心というものがある。菩提心の名前は共通しておるけれども、その内容においてはたいへんの違いがあるものである。このように、あの『教行信証』のなかに示されてあるのであります。で、法然さまはですね、第十九の願にあるところの、あの「発菩提心」というああいう菩提心は、ああいう菩提心はいらんもんだ、と。あんなものはもう――ですね、捨ててしまえ、と。そうしてこの、ただこの――ですね、あそこに菩提心ばかりでない、もろもろの功徳がある、あのもろもろの功徳――ああいうものをみんな捨ててしまうんだ。十九の願に——、ただこのですね十九の願には、すがたをはっきりあらわしておらんけれども——。この十八願と十九の願というのは、これはみんな一つのもんだ、と。本願て、一《と》つ《は》のものだ、と。こういうのが、この——昔からのひとつの伝統であります。

でまあ四十八願というものが、こう——。阿弥陀如来は因位・法蔵菩薩のときに四十八願というものを発《おこ》しておいでになる。四十八の本願というものがある。それはまあ、そうでありましょう。わたしはもう、本願ということがですね、仏さまには本願というものがある。こういうことは、この——ですね、仏さま以外には——。神さま—神さまには本願てありませんわ。

また、この——ですね、仏さまに本願があるということはですね、仏さまに本願があるということはですね、これはまあ一応知っておりましょうけれどもですね。たとえば、この——ですね、四弘誓願。四弘誓願ですね。「衆生無辺誓願度、煩悩無尽誓願断、法門無尽誓願知、仏道無上誓願成」。これはその——このですね、菩薩の四弘誓願。菩薩の四弘誓願というのは総願、と。すべてこのあらゆる仏さまに、これはまあ共通しておるところの願というものである、ね。それからこの仏さまには、もうひとつその別願というものがある。その仏さまその仏さまに別願と、別願というものがある。その別願というものがあるならばですね、やはりさとりというものにもですね——。

さとりはみな平等である、仏さまはみな平等である。どの仏さまもみな平等なんである。仏さまは——というのは一人というわけでないので、仏さまはたくさんおいでになる。「恒沙無量」の仏がある。十方の「十方無量の諸仏」ともあり「三世十方」の、三世無量の諸仏というものがある。三世の諸仏ともいい、また十方の諸仏ともいう。（そん）なら、いったい（そん）なら、十方の諸仏というたらまあ一応まあ同《おん》じ《な》仏さまだけれども、三世の諸仏てどういうわけだろうと、三世の諸仏。過去の諸仏、現在の諸仏ということはわかるが、未来の諸仏ということがあるか、と。未来とはまだ、さとらぬものだろう、と。まだ仏さまに——、（それ）だけの行は積まんものだろう、と。未来—未来の仏さま、そういう仏さまてどうしてあるか、と。未来の仏ということは、なにか自家—自家撞着の言葉でないか、と。

現在の仏さまとは、現在もうみな行が成就して、願も行も成就して仏さまである、と。

過去の仏さまというのは、これはもう願も行も成就して仏にならせられましたけれども、そのおかたは娑婆のこの――ですね、このいま生きておる寿命の縁が尽きて、生きておる縁が尽きて、そうして自分の仕事ですね、ご自身のなさるべき仕事が終った、と。わたしのすべき仕事は終ってしまった。だからわたしは涅槃に入るのである。それが――そうなされたおかたが過去の仏さま。

『大無量寿経』を読んでもですね、あの法蔵菩薩が出てくる前に、五十三仏というものが書いてあります。あの五十三仏というのは、もうこれらの諸仏みなすでに過ぎたまいた。こういうように「皆《かい》悉《しっ》已《い》過《か》」と。これらの諸仏は「皆悉已過」みなことごとくすでに―すでに過ぎた、過ぎたまいた。過去―過去にもう終りをつげた。仏さまは自分に因縁のある衆生をたすけてくださるけれども、もうはや自分の因縁のある衆生はみんなことごとくたすけてしもうた。「だから、わたしはこれで静かに涅槃に入る」と、こういうてみな涅槃に入られた。その仏さまの名前が、五十三の仏さまの名前が『大無量寿経』を読むというと記されてあるのであります。

その次に、あの――ですね、第五十四番目に出た仏さまが世自在王如来という仏さまである。その世自在王如来のときに、そのときの国王がですね、その世自在王如来の、この——教えを聴聞して、たいへんにこの感激し、また自分の長い間のこの迷いということを知らしめていただいたので、その方が大菩提心を発して、そうして国王の位を棄てて出家して、そうして「法蔵」と名づけられた。それが——、法蔵比丘という方が出てきたわけであります。

ああいう経典を読んでみますというとですね、なんかこうその——わたくしども、わたくしどもはですね、あれは仏さまだけおるんでありません、自分もおるんです、その時。これは自覚というもんでしょう。仏さまは、こういう仏さまが出なさった、ああいう仏も出なさった。そうするとわたくしどもはですね、その仏さまの名を聞くというと、「おお、わたくしも、わたしもその時に、その仏さまの教えを聞いた」。まずはじめにそのですね「錠光如来《じょうこう》」。「乃往《ないおう》過去久遠無量不可思議無央《むおう》数劫《しゅ》」において仏がご出世なされた。その仏さまを錠光如来ともうしたてまつる。そう、その『大無量寿経』に書いてある。そうすると「おお、錠光如来て、そんな昔においでになった（のか）。わたしはその昔に、その錠光如来に遇うた」。そうでしょう、自分が遇うたということがなければ意味がないです、あれ。「こんな仏、あんな仏」ただそれだけでは意味はありませんわ。それはですね「ほおー、わたくしは――」ですね、この曽我量深は明治八年の九月に出生《しゅっしょう》した、と。こういうようにまあそのなっておるけれども、しかしですね、わたしは昔―昔なんていう名前であったか知らんがですね、あるいは人間であったのか、あるいは蚯蚓《みみず》であったのか知らんけれども、その錠光如来さまという仏さまのときに自分はやはりおって、そうして錠光如来の―錠光如来のご化導をいただいたんである。ご化導をいただいたんだけれども、とうとうやはりですね、せっかくのご化導も十分に領解《げ》をすることができなかった、できなかった。それからまた、その次に「何々《なになに》……」という仏さま。「次名《しみょう》月光、次名栴檀光、次名善山王、次名須弥天冠、次名須弥等曜、次名月色、次名……」、ずっとこう――ある。とまあですね、ずっとまあ仏さまのお名前を聞く（と）、その仏さまのご出世ごとに自分はまたその仏さまのご縁に遇うた。あれみんな自分のご縁に遇うたということを思うんであります。そういうように、この――思い出す。

4

そうしてこの、この世自在王如来という仏さまは――、法蔵「法蔵比丘」、法蔵比丘、はじめは法蔵比丘と書いてありますね。はじめから「法蔵菩薩」と書いてありません。はじめは法蔵比丘、と。その「比丘」というのはつまり人間の、ふつうの人間の頭を剃った人を――、頭を剃って、そうして仏の戒をたもっておる人、出家して戒をたもつ人、それをば比丘ともうすのでございます。それはまあ、仏さまによって、みなこの戒律というものは違っておるにちがいないのでございます。釈尊は釈尊の戒律というものがありまするが、過去の仏さまにはそれぞれのみな違った戒律があるにちがいないと、こう思うのでございます。

この頃、なんでもある人が、この――ですね、セイロンに釈尊のご誕生二千五百年の式典があった。式典があったところが、その――みんな戒律を――、むこうの人は小乗仏教というものでありまして、みんなその戒律をたもっておる。それでその、ところがその、そのいまのですね、儀式にその――儀式が行われているのに、その戒律をたもっておるご坊さまたちがですね、煙草をすうておる。おもしろい話でありましてですね、これ。煙草をすうておる。それでこの、ある人が不思議に思うてですね「あなたがた、戒律をたもっていらっしゃるということを聞いておるんだが、こんな厳粛な儀式であるのに煙草をすっておられますが、そういうことをしてもええものであろうか」と。そういったれば、そのご坊さまたち(が)いうにはですね、「いや、なん(も)差し支えありません。煙草(を)すうのは、あの――(いっこう)差し支えありません」。「ほおーっ」てもう驚いてしもうてですね、「どういうもんでしょう」というて訊《き》いたところがですね、「仏さまの戒律のなかにはその――煙草すうなという戒律はありません」。そういうんですね、その――まじめにいうておる。

けれども、だんだん考えてみたら、なるほど煙草は、釈尊の時代には煙草というものはインドにはなかったもんだということがわかった。なるほど、釈尊の時代に煙草はなかったんだから、釈尊は、どんな厳重な儀式のときでも――(とき)であっても煙草をすうなとは――。ないーないものを禁止するという、そういう掟はないもんでありまするからして、これは禁止なさらんかったんである。ところがですね、そういうことがわからんで、いまは煙草を――。昔は煙草がないからですね、不喫煙戒というのはなかった。昔から酒はあるから不飲酒というものがある、と。もし酒がなかったら、不飲酒戒もない。そういうもんでしょう。そういうようなもんでありますよ。だから酒のことは、酒飲んではならんというあの――禁止しておいでになるけれども、煙草をすってはならんという戒律はなかった。そうしてみるというとですね、釈尊が今日《こんにち》ご出世なさるならばですね、煙草をすってはならんという――そういう戒を制定なされたであろうということも、想像できないわけでもないと思う。またですね、インドは暑い国だからですね、一概《いちがい》に「酒を飲んではならん」とおっしゃったけれども、また寒い国にもし仏さまがですね、おいでになったならばですね「酒は何杯だけ飲んでもええ」と。「それ以上は飲んではならん」と。

あの蓮如上人の『御文』(四帖目第八通)を読んでみるというと「このごろは、坊主分の人、きわめて重杯のよし」(取意)。坊主分が重杯。昔はその――、いまは杯《さかずき》は小さいですけれども、昔はまあその大きな杯で(ある)が、まあとにかく酒を飲むという人は仏法に志の薄い人間であろうと、そう書いてありますね。仏法に志が薄い―薄い証拠だ、と。

僧侶が酒を飲むということは、仏法に志が薄い証拠である。これはまたあの――浄土真宗は、戒律というものが表に（は）ないことになっておる。それでもやっぱしですね、そういうことをおっしゃる。これはつまりですね、こういうのはその――戒律以前ということがあるですね、戒律以前。

5

その――つまり釈尊以前ですね、やはりこの釈尊以前に仏法があったかないかと、こういうことも考えられる、考えてみる、と。「(そんな）釈尊以前に仏法があるわけはない」と。「釈尊が仏法の開祖でないか」と。釈尊以前に仏法はあるか、と。けどもわたしはですね、わたしはやっぱりそういうことをひとつ考えてもええと思うんです、どういうものでありましょう。仏法という（と）――、釈尊の仏法、とですね、釈尊以後の仏法だけ人はいうてますよ、多くの人は。けどもわたくしはですね、もうひとつ考えれば釈尊以前の仏法と、こういうものをわたしは考えてもええでないか、と。

「妙なことをいうたものだ」と、ですね。あなたがたは、あるいはですね、一笑に付せられるか知れませんけどですね。わたくしはですね、仏法というものは釈尊以前に、以前からほんとうはある—ある、と。けども釈尊以前に仏法はあったか——あっても、それはわかりません。で、釈尊をとおしてですね、われらは釈尊をとおして、釈尊以前の仏法というものをわたしどもは知ることができる。これは、わたしはですね、こうわたしは解釈したならばですね、あなたがたは納得されるだろうと、わたしは思う。そうですよ。釈尊なくしてですね、釈尊というものをとおさずして、釈尊以前に—以前の仏法などというたら、それは一笑に付せられるか知れませんけれども、釈尊の教えということがひとつあったならばですね、そうすれば釈尊以前の仏法と、こういうものを想像することができる。そうです。

なんでもその、仏教とは釈尊以後のものだろう、と。大乗仏教なんて釈尊以後の——、よっぽど以後の仏教である、と。こういうようにいうけれどもですね、わたしはですね、わたくしはですね、いわゆるこの——小乗仏教とか、いわゆるこの今日《こんにち》の人が原始仏教などいうておるのは、あれは釈尊の仏教、もしくは釈尊以後の仏教でしょう。大乗仏教は、釈尊以前の仏教でしょう。阿弥陀の本願というものは、釈尊以前の仏教でしょう。

――いうことをわたくしは、みなさんからよく聞いていただきたいと思うんであります。こういうことが、すなわち聞思ということでしょう。聞思すると。「聞其名号、信心歓喜」と。ね。

釈尊以前の、釈尊以前の仏教。釈尊がなければ釈尊以前の仏教はありません。その釈尊―釈尊があるが故に、釈尊があって、釈尊が仏教―仏道をさとり、そうして成道なされた、と。成道なされて、そうして釈尊はご自身―ご自分のさとりをお説きなされた。その釈尊の説法ですね、釈尊の説法というものを聞くならばですね、わたくしどもは、釈尊以前の仏教というのはどういうものであるか、ということを必ず――これはですね、思い出さんけりゃならんと思うです。思い出すべきものであると、こう思うですよ、ね。思い出さん―思い出さんということは、むしろわたしは不思議だと思う(です)。そうではありませんかね。「おおー、そういうことははじめて聞いた」と。けれども、わたしはですね、わたしがはじめていうんでありません。みんな昔の人もそういうことを知っておるでしょう。

大乗仏教というものですね、大乗仏教といい、阿弥陀の本願という。あるいは『法華経』という。『法華経』とか『大無量寿経』とか、これはですね、釈尊以前の仏法です。だから、その法華とですね、念仏と争うておる、争うておるけれどもですね、共通しておる点はですね、釈尊以前の仏法であるということにおいては共通性をもっておる。だから、その釈尊以前の仏法として、われわれは考える必要がある。それは、釈尊以後の仏法だろうと、『大無量寿経』の信者も、また『法華経』の信者もですね、『大無量寿経』の信者もこれは釈尊以後の仏法―仏教、仏教。また(『法華経』)も釈尊以後の仏教―仏教だと、こう思って、そうしてその―その争うておるんですよ。もし両方とも釈尊以前の仏教であると―いうことに眼を開いたならばですね、争いは止むと思うんです。共に手をたずさえて「ああ、なずかしい」と。そうでしょう。

これは、わたくしはですね、この仏教というものがですね、バラバラになっておるのは、釈尊以前ということを知らんで、釈尊―釈尊においてはじめて仏法がはじまる、(と)。そうして、もろもろの経典というものは釈尊以後にできたもんだろう、と。それは、もろもろの経典は釈尊以後に出来たものにちがいない。けれども、そのもろもろの経典は、釈尊以前の仏法を念じて、釈尊以前の仏法を記したものが大乗仏教というものである。大乗仏教の経典は釈尊以後に完成しておるにちがいない。けれどもその大乗仏教そのものは、釈尊以前の仏法である。釈尊を超越せる仏法である。

まあ、これだけわかればですね、もう——。わたしはまあ、これだけお話すればもうはや、まあ、今日《きょう》の—今日《こんにち》の話ははや止めてもええんです。まあこれはまあひとつのですね、これは—こういうことが聞思ということでしょう。「聞其名号、信心歓喜」（とは）これをいうんでありましょう。そのですね、仏陀釈尊はですね、久遠実成の仏さまだと、こう——あの『法華経』に名のっておる、ね。「わしは、久遠実成だ」。久遠実成であるが故に、いまもおるんだ、と。いまも、常におる。こう、あの——釈尊は『法華経』において宣言しておる。いま—いまおるということは、すでに久遠実成だ、と。久遠実成ということは、いわゆる—いわゆる釈迦ですね、いわゆるこの三千年——二千五百年か、二千五百年の昔に出世された釈迦以前の仏法である。

この、諸法実相ということは、つまり釈迦以前の—釈迦以前からちゃんと仏法があった、ということを宣言しておるんでしょう、あれ。それなのに、その——なんですね、久遠実成・久遠実成ていうていながら、やっぱり仏法て釈迦以後のもんだと、こういうようにその——考える。それはまあ、末法ということを書いてあるんだから釈迦以後だろうと、こういうておるんだけれどもですね、これは釈迦以前の仏法ということですね。釈迦以前の仏法ということを教えるのが、久遠実成ということであり、また本願ということでしょう。如来の本願ということを——。

本願の宗教、本願の仏道—仏教（と）いうのは、釈迦以前ということをいうんでしょう、これ。それがわかったらですね、そういうことが—そういうことがわかったらですね、法華と——法華も浄土教もですね、争うということはない。手をとってそうして「ああ、なずかしい」と。ああ—みななずかしいことだ、と。

あの『法華経』では、地涌の菩薩というものがある——いうことを書いてある。大地から、こう——涌き出た。まあ大地から出たといえば原始人でしょう、あれ。まあ、いうてみれば野蛮人ということである。その野蛮人が尊《たっと》い、と。なんか文化人というものが、その——ですね威張っておる。その文化人が威張っておるのに——（とこへ《そこへ》）もって野蛮人が名のりをあげて、そうして出てきた。野蛮人というのは、「一文不知」ということでしょう。一文不知のヤツだ、と。上行菩薩というのは、一文不知のあれですね。そうしてみればですね、つまり釈尊もまた一文不知のものだ、これ。あれ――久遠実成の釈迦、一文不知の代表者というもの。そういうもんでありましょう。

　おそらくば阿弥陀仏―阿弥陀如来、阿弥陀如来という仏さまも、一文不知の仏さまにちがいない。大乗仏教というのは、みんなその――、ほんとうの仏とは一文不知だと、いうことが大乗仏教である――あるに間違いない。一切空という。空―空というのは、一文不知。そうです、あれ。「さとりをひらいた」、さとりをひらいたというのは、要するに自分（は）賢いと思うておるものがですね、その本来の―本来のほんとうの一文不知というところに帰ってきた。要《い》らない―要らない智慧ですね、要らない猿智慧ですね、そういうものはみなのけてしもうて、ほんとうの一文不知、それが諸法実相ということであり、それがすなわち阿弥陀―阿弥陀の本願というものだろう。そういうもんであります。

　で、わたしは、この――ただこう――。阿弥陀如来と―阿弥陀如来というと、――阿弥陀如来というのはつまり、本願成就の―本願成就の仏さま。本願ということ、本願というところで、わたくしどもと阿弥陀仏というのがですね、本願というともうですね、久遠―無始久遠の昔、無始久遠の昔―昔にですね、阿弥陀仏とわれらというものがこう――一つのものだ、ということを教えておるのが本願ということでございます。

ところで本願は言葉―言葉、と。言葉は、どう書いてあると、本願はどう書いてあるということよりもですね、本願ということですね、阿弥陀にはですね、本願がある、と。その阿弥陀仏は、本願成就の仏さまだと、いうことを聞くというと懐しい。「おおー」、本願というともう、あれですからね本願というたら、阿弥陀仏の本願というたら―阿弥陀仏の本願というたら―あれですからね、すぐわたくしどもにもですね、「自分にも本願がある」、自分の本願ということを照らし出されます。そうでしょう、阿弥陀仏の本願―仏さまの本願というたら――ですね、わたくしどもに、われわれは虫けらのようなものであるが、われわれはやっぱりその「おおー、わたくしにもやっぱり本願がある」。

阿弥陀仏に超世の本願があるというならば、われわれ一人ひとりがみな、虫けらのようなもんでもみな超世の本願というものを――、そういうものがある。その超世の本願というものは、いくら愚かであっても超世の本願というものはちゃんとある。超世の本願は虫けらでもちゃんとそれをもっておる。虫けらだから超世の本願などわからんのやろ、と。虫けらにわからんようなのは超世の本願ではありません。そういう―そういうことをですね、だからわたくしはですね、釈迦以前の――釈迦以前にほんとうの仏法がある、と。

6

釈迦仏法、釈迦の説いた仏法は、これは方便の仏法である。釈迦以前に仏法がある。ね。その釈迦以前の仏法とはどういうもんであるか、と。それを大乗仏教という。それを、なんもその見識のないですね人たちがですね、大乗仏教て《とは》いつごろ出来たものである、と。だんだんその釈迦の原始仏教が、だんだんそのですね賢い―賢い人たちによって、だんだん発展した。なんでも、無名の文学者がおって、そうして『法華経』をつくったものである(と)。

『法華経』というお経はまあ、漢訳したお経は非常に立派なお経だ。まあ『法華経』は、一切経のなかの王さまだ、とこういう。ところが、人に聞くところによりまするというと、梵本の『法華経』というものは、まことにそれはまあまずい文章で書いてある。

サンスクリット語の『法華経』ですね。ほんとうにまあそれはまあ、幼稚な、そうしてですね、文法なども間違うておるし、まあなんにも学問のない者の書いたものとみえて、まことにそれはまあその、つまらぬ文章で書いてあったんだそうです。けれどもまあ、鳩摩羅什《くまらじゅう》という和尚がですね、ああいう名文でもってその――、名文の翻訳をつくった、と。あれ、もしですね、鳩摩羅什のようなですね大三蔵がおらんかったなら――、おらなくしてですね、そうしてまああのまずいその梵文の『法華経』をですね、まずいまた漢訳の『法華経』に翻訳したならばですね、だれも見返るものがない、まずいものにちがいない。それがまあ鳩摩羅什というようなですね、すぐれた人が名文―名文でもって、立派な文章で翻訳した。だから、翻訳文のほうが立派である。原文の梵文のほうは、まことにつまらん、と。そうわたしは聞いております。これは聞いたんで、自分が読んだというわけではない。梵文なんて知りませんから――、わたしはまあ読む力もない。けれども、そういうことは――。なんというか人の名前を聞かんけれども、梵文の研究をしておる学者がそういうておりまするから、これは間違いないことにちがいないと、わたしは思う。

とにかく、いずれにしてもですね、いずれにしても釈迦以前に仏法があったということ。つまりいうてみればですね、仏法はこの——人間と共に仏法は生まれてきた、人間の仏法は。虫けら諸君の仏法は、それはわれわれ知らんけれども、われわれ人間の仏法は、人間と共に生まれてきたもんでありましょう。それを久遠実成と——。それを久遠—久遠の仏と、こうもうすんでありましょう。

まあ、あといろいろなことが書いてある『法華経』というのは、いろいろなことが書いてあってですね、なかにはまあ善《い》いことも書いてあるし、またですね間違うておることも書いてないていうわけでもありますまい。まあ善《え》えことだけいうておれば、悪いことはまあ黙っておれば—黙殺しとけばええようなもんだと、こうわたくしは思う。それは『大無量寿経』だっても、はじめからしまいまでみな名文だというわけでもないのでありましてですね、悪いところはまあ抹殺しておいて、善いところだけを讃嘆しておればええのでないかと、こうわたくしは思うのであります。

さてですね、わたくしは『法華経』のことはよく知りませんし、『法華経』のことをもうしませんがですね、「本願」ということですね、本願ということほど尊《たっと》い言葉はないと思います、仏さまの本願。そしてこの仏さまの本願によってですね、仏さまの本願によってですね、われわれにもですね、われわれもまた仏さまと同類だということです、仏と同類だということを教えてありますね、本願という言葉で。仏さまと同類である、と。ね。「ほおーその、われわれのようなものと仏さまと、同類か」と。けれどもですね、その本願という―本願ということを聞くというと、同類だということがわかる。

もうひとつ本願ということをですね、もうひとつ別の言葉でいえば「南無阿弥陀仏」というです、南無阿弥陀仏ということを聞くというと、わたくしどもは、ほんとうにもう仏さま―仏さまと――、まあ成仏したというてもええ。成仏したというわけでもないかも知らんけれども、もう―もうはや成仏したと同じことだ。まあ成仏しても――、はやこれ以上成仏しなくてもええですよ、別に。そうですよ。もうこれでたくさんだ、と。そうでしょう。「なんか、ちっと足らんところがある」と。「もっとこれ完全なものでなけりゃー」。わたしは、そうならんでええと思うですよ。これでたくさんだ、と。南無阿弥陀仏ということ――これでたくさんだ、と。たくさんである。

これでたくさんでありますといって、「もっとくれるだろう」といって――。やっぱり「いりません」と、そうはいいません。「——もらってくれ」と「もっともらってくれ、こっちがたのむから、もらってくれ」そうおっしゃれば「あー有難うございます」というて、「せっかくそうおっしゃるんだから有難う——有難く頂戴いたします」。(と)そういいますわ、これ。それは余分ですからね、それは。もろうても、もろわんでもええん(だ)、それ、それ。そういうんでしょう、これ。そうでしょう、これ。

7

つまりいうてみればですね、われわれはこの——ですね、このお念仏によってですね、お念仏によって、そうしてわたくしどもはですね、相対有限のものだと、愚かなものだ、相対有限の愚かなものだと、こういうことをですね、わたくしどもはほんとうに聞くことができる。静かに聞く、と。そうして自分の分《ぶん》—分限ということを知らしてもろうた、と。自分の分限ですね、自分の分限を知る。自分の分限を知らしてもろうたということをば「正定聚」という、正定聚。分限を知らしてもろうた。

これはわたしはですね、この『大無量寿経』の教えに—教えによって、われらの分—

分限を知らしてもらった、と。で『法華経』はなにを教えるかと——ですね、『般若心経』はなにを教えるか、と。それは、それぞれみな教えがあるにちがいない。で『大無量寿経』はです、われらに分限というものを教えてくださる。これは『法華経』の教え—教えと——、『法華経』にもそういう教えはないかも知れん。またですね『般若心経』にもですね、そういう教えはないかも知れぬ。とにかく『大無量寿経』—『大無量寿経』によって、本願によってですね、阿弥陀の本願によって、われわれに分—分限ですね、相対有限である分限というものを教えてもらった。その分限に安んずる、と。現在与えてもろうたその分限に安んずる、と。

そうだから、仏さまはなにを与えてく(ださる、と)。なにもかも、われらの—われらのこの環境、われらの環境というものはすべて如来の与えたもうたものである。だから、どのような環境を与えられても、わたしは不平がない、と。不平も不満もない、と。また不安もない、と。その—その分限というものを知らしめられた。分限に安んずるということを知らしてもろうた。だからして、「おまえは——」、「おまえにもっとくれる」と。「もっとくれるから受けとってくれ」と。そうしましたら、有難く頂戴します。有難く頂戴しますけれども、こちらのほうから「もっとくださいい」とはいわない、いいませんわ。「もっとください」なんて——。「これで、たくさん」。これでもう—なんにも、これ以上の願いはない。「南無阿弥陀仏」——これ以上の願いはありません。もう—一切の志願を満足した。「この故に、称名はよく一切衆生の無明を破し、よく一切衆生の志願を満てたもう」(行巻取意)。そうでしょう。

そんなら、われわれはまだ—まだ——、われわれのなかにお念仏をいただいてもまだ不平—不平をいうておるものがあるが、どういうもんでしょう。それは、お念仏のいわれがわからんから不平をいうんだろうと、こうおっしゃるですね。お念仏という——、お念仏称えておっても、お念仏ということがわからんものがある、と。お念仏の尊《とうと》さがわからんもんだから、お念仏の尊さということはですね、つまりこの相対有限—相対有限のなかに絶対無限がある、と。相対有限も、その相対有限ということを知る、と。相対有限ということを知る。相対有限に満足すれば、相対有限がすなわち絶対無限である。相それを南無阿弥陀仏という。そういうんでありますよ。これが釈迦以前の——、釈迦以前にあるところの仏法。それはですね、人間—人間としてですね、いやしくも人間としてこの――必ずですね、そうでなければならん、そうでなければならんところのおみのりというものであります。

釈尊というかたは、あれはインドに生まれた。あれは、インドというそういうですね、場所とか時とか、時とか場所とか、そういうものにですね制限せられて、そうしてこの、その制限のうちにこう――、釈尊―釈尊というおかたは、そういう人にたいして釈尊は一応の教えを説かれたものと思うんであります。だから、いわゆるこの――ですね、原始仏教とか、根本仏教とかというていわゆる、いまの人がそういうておるところのおみのりというものはですね、これはあの――ですね、これは尊《たっと》いにちがいありません。それを通さんければならぬでしょう、これ。それを通さずして、それを通さずして勝手に釈迦以前の仏教なんてありません。それを通すというと、釈迦以前の仏教というものが出てくる。以前の仏教ですね。つまりいうてみればですね、以後の―以後の人が以前を―以前を知るんでしょう。その人間は釈迦以後の人間でしょう。釈迦以後の人間が、釈迦の仏教を通して、釈迦以前の仏法を知ることができる。

それで、その仏法はですね、これは紙に書いてない。その仏法は――。その釈迦以前の仏さま、釈迦以前の仏さまは、かたちもない、いろもかたちもない。いろもかたちもない仏さまですよ。釈尊は、いろありかたちある人間である。釈迦以前の仏さまはですね、人間であるというわけでないです。それは、人間の眼には見えない仏さまか知れぬ。また、そういう仏さまのご説法は人間の、ふつうの人間の耳に聞えないかも知れません。それはただ、この――ですね、それはただこの――ですね、真実信心というものですね、真実信心の人のみに聞えるんである。邪見憍慢の人には聞えないもんである、それは。

そういうこの――ですね、尊《たっと》い真実の仏法というものをですね、わたくしどもは釈迦の――、釈尊があればこそそれが―それが照らし出されるんである。それを釈迦を通さんでは、勝手にそういうものがあるなんていうことをいうのは虚妄でありますから、そういうものに欺《あざむ》かれないようにする必要があるということを思うのでございます。

8

まだ、まだもっとこう――よく、お話したいのでありまするけれども、あんまり長い話するというと、いまもうしたことが、みなさんお忘れになっても困ると思うんでありますから、まあわたしは一応、話を終らせていただきたいと、こう思うのでございます。

これは、わたしはですね、法蔵菩薩ということは過去の久遠無量の仏さまと、そういうようなことを記されてあるというところからですね、わたくしはやはりですね、釈迦以前にもたくさんの仏さまがおいでになった。けれども、そういう仏さまは、われわれの眼に見えない仏さまである。また、そういう仏さまの説法は、われわれに聞えない説法である。けれどもですね、そういう仏さま―そういう仏さまの説法というものもですね、釈尊の説法によって、そういう仏さまがこう――ですね、釈尊―釈尊、釈尊というかたは、そういう徳をもっておいでになる仏さまであって、そういうその釈尊によって、そういう仏さまがみんなこう――現われてくる。そうですね。

で、この――過去の仏・現在の仏・未来の仏（と）いう、そういう無量―無量無数、無量無数の仏さまの説法というものがですね、それがいわゆる大乗仏教というべきもんである。そういうのは、いわゆるまあ歴史以前の、歴史以前の仏教、と。釈迦以前の仏教ともいうべきもの。歴史以前の仏教というてもええ。まあ、こういうことがわからんでですね、なんでもその『大無量寿経』はいつごろ出来たとやら、それはだれが説いた、それは名のない人が説いたんだろうと。——肩身のせまい話でありましてですね、ちょっと人がおるというともう話が出来ない。まあ小さい声でもって「ああ、それは釈迦以前の人が……」。小さい声でもって、人に聞えないような声でまあ、やっとしゃべっておるというようなですね、肩身のせまい思いをしておる。そういう人ばっかりになると、もう仏教は滅亡すること決まってますわ。

そういう時代にはですね、むしゃんこなこと（を）いう人が勝ち占める。むてっぽうなことというのが、かえって勝ち占めるようになりまするがですね、そういうむてっぽうな人がですね氾濫しないように、わたくしどもは正しいおみのり—正しいおみのりというものを、静かに、われわれは味わう—味わうということをしたいものであると、こう念ずる。

で、法蔵菩薩ということについての、自分の領—領—、領解《かい》でありますか、そういうものを少しばかりお話いたしたような次第であります。

（昭和三十七年十月二十五・二十六日、東京大谷会館に於ける八十八歳米寿記念講演）

我如来を信ずるが故に如来在ます也

第一講

1

我如来を信ずるが故に如来在ます也

わたくしは、今年の九月で満九十歳になりました。

わたくしは、その器ではないのでございまするけれども、この大谷大学の学長になるようにということで、辞することもできませんのでお引き受けいたしましたのでありまするが、お引き受けいたしましたかぎりは、一期、四年間だけつとめさせていただこうと、こう覚悟を決めて、お引き受けいたしましたようなわけであります。その期限というものが去る八月十日で任期が終わりましたので、ヤレヤレと自分の心には非常に感謝の思いをいだいておったような次第でございます。実は、その一期の中で、自分には、ある一つの責任がありましたので、自分は責任を感じまして、辞表を提出いたしたのでありまするが、法主台下の深い思召しがありまして辞表をお返しくだされたので、それでまあ、この一期だけお引き受けしたようなわけであります。しかるにまた、このように再任しなければならないような事情になったのであります。

それで、このたび、わたしが満九十歳になりましたのは、この九月、先月の半ば頃でありました。そういうようなわけで、「今度、満九十歳の祝いをしたいと思うが、それを是非受けるように」というお話でございましたので、ここまで参りましては、それを忝くお受けをせねばならぬと、こう思いまして、お受けしたようなわけでございます。その祝賀の記念に、二日間、二席の講演をして、それを書き取って、そして、ご縁のあるお方がたに印刷して捧げることにすると、こういうようなことになったのでございます。

2

それで、今度掲げられました題目というのは、言葉はよく覚えておりませんが、如来ましますがゆえにわれわれはそれを信じなければならんのか。また、信ずることができるのであるか。また、われわれ衆生の要望、われわれ衆生の願い、もしくは、われわれ衆生の信心あるがゆえに如来はあらわれてくだされたのであるか。どちらの方がもとであるか。すなわち、どちらの方が先であるか。こういうような意味の題でございます。

これは、どうしてこういうような題を掲げたかと申しますならば、これは、ずっと明治の昔に溯ることになるわけでございます。これは、一日でも忘れることのできない、わが清沢満之先生。この（大谷大学講堂）正面に向かって左の、第一番目のところに、ご肖像が掲げてあります清沢満之先生。この清沢満之先生は、明治三十四年の十月十三日……このいまの、わたくしどもの大谷大学が、ずっと歩いてきた、その過ぎ去った昔のことでありますが、そのときは、真宗大学であります。つまり、われらの真宗大谷派の寺院に生まれた人が教師になる、そのために、学問修養するところの根本道場、それが真宗大学というものであります。それが、だんだんと歩みを進めて、そうして、今日の大谷大学というものになったわけであります。それで、もとは宗門の教師の学問修養の道場として建てられたものであります。それが今日では、一般に開放されているのでございますけれども、しかし、その精神は変わらない。宗門の中に閉じこもっておるのでなしに、さらに世界的に開放しても、一貫している仏教の精神、とくに親鸞聖人のご精神というものは、昔から今日まで、ずっと変わらない。それが今日でも、ずっと流れている。そういう学園の歩みのなかで、明治三十四年の十月十三日に、この大学が東京へ移転した。それから、明治の終わり、明治四十四年の七月まで東京にありました。この学園を一身に引き受けて東京へ移し、そうして、みんなの人に推されて真宗大学の学長の地位につかれた、その方が清沢満之先生。その清沢先生が、いま、わたくしが題目として掲げたことを、お話のなかで問題として、われわれ学生に与えられた。

これは、従来、如来ましますがゆえにわれわれは信じなければならず、また、信ずることができると、こういうようにほとんど決まっておるものだ、こういうように考えておった。しかるに、清沢先生は、いったい、そういうものであるか。あるいは、われわれ人類の願い、すなわち、われわれ人類の信心というもの、その要望にこたえて如来があらわれてくだされたものであるのか。どういうものであるか。こういうように、一つの問題として、われわれに教えられたことであります。

ところで、わたくしは、せっかく清沢先生がわれわれに一つの問題を与えて、みんな考えてみよと、こういうように問題を出してくだされた。それは、いま申しましたように、明治三十四年。清沢先生は、その翌年の明治三十五年の十一月まで東京におられて、真宗大学の学長であられたのだけれども、その当時は、学長と言わないで、学監と……。真宗大学の学監の地位に一年余りついておられた。それが、真宗大学の中に一つの事件がおこったのでありまするが、清沢先生は、これはすべて自分の責任である、それで、自分は久しい間、病気をもっておるんだが、その病がだんだん悪化して、自分の体はだんだん衰弱して、考えてみるというと自分はもう余命いくばくもない。それで、自分はこの際、一切の責任を一身に担うて学園を去りたいと、こう申されまして、静かな態度で学園を去られた。そうして、ご自身のお寺、すなわち愛知県三河の大浜の西方寺へ帰られた。そして翌年、すなわち明治三十六年六月六日に、大浜の西方寺でご往生をとげられた。つまり、清沢先生は、だいたい一年間だけ学監、すなわち学長の地位についておいでになった。その間に、いまの、まず如来がましますからわれわれが信ずることができるのか、信ずるのか。われわれの方に、われわれの人生における根本的な要望というものがあって、それにこたえて如来があらわれてくだされたのであるか。如来が先であるか、われわれが先であるか。如来の本願が、如来の本願の救済が先であるか、われわれ機の、われわれの信心の要望が先であるか。そういうことを、われわれはひとつ考えていこう、こういう問題を与えられた。

3

ところが、どういうものでありまするか、その後、わたくしは、それを忘れてしもうたような状態であった。忘れたのでないでしょうけれども、忘れたと同じような状態であります。そして、それを、久しくして思い出しましたのは、今年の五月。わたしは、九州へ旅行いたしました。最初に参りましたのは、大分県の四日市別院。四日市の東本願寺別院でお話した。お話しておる間に、忽然として、そのことを思い出した。

明治三十四年から三十五年の間に、とにかく、そういう問題を掲げて、みんな考えていた。つまり、わたしはその頃は、三十にならない。二十七歳から二十八歳。それが、今年は、数え年で九十一歳。その間全く忘れておったようなものである。もし思い出さなければ、全く忘れておったということになるわけですけれども、しかし、思い出した。長い年代、いかにも忘れておったようであるけれども、今年の、九十一歳になって、五月の何日であったか、いま、日はいつであったかはっきり覚えておりませんけれども、とにかく、五月の半ば頃であります。もう何十年であります。何十年たって、忽然として思い出した。もし思い出さんで死んでしもうたら、全く忘れていたんだけれども、思い出したということを考えますというと、それは、忘れておったのでないのでしょう。やはり、この心の深いところ、いわゆる深層意識とでもいうのでありまするか、とにかく心の深いところに、先生の掲げられた問題、そういうものが生きておった。生きておって、そうして自分を育てた、自分を指導してくださったのにちがいない。

それゆえに、長い間、思い出したことのない問題が、こういうことを清沢先生から教えられたのであるかと、講壇に立って話をしておるときに思い出した。これは、講壇に立ってお話するときには、だいたい無念無想というものである。「いやお前は、しゃべっておって、無念無想か」(笑)。けれども、わたしは、眠っておるときも無念無想か知りませんけれども、しかし、壇に立ってお話しているときは、たしかに無念無想だと、わたしは思う。どうも、自分の個室におりますというと、ずいぶん妄念妄想が浮かんできて、なかなか無念無想になれないのでありまするが、壇に立つと、なんにも考えない。別になんにも考えないから、これは無念無想にちがいないと、わたしは思います。だからして、先生の教えというものは、決して忘れておらないのであります。

清沢先生の教えというものは、お前は如来あるがゆえに信ずるのか、また、われわれが如来を求めるがゆえに如来があらわれたもうのか、どういうものか。それを、われわれに、考えてみよと。しかし、これは、結局決めることはできないのでしょう。決めることができたときには、自分は死んでしもうている。また、死んでしもうたからということて、決まったというわけではないのであります。これあるがゆえに、こういう問題をもっているから、今日まで歩かせていただいた。そういうことがわかった。こういうようなことは、人生の不思議というのでありまするか、仏法の不思議というのであるか。とにかく、そのような問題を掲げて教えてくだされたのが清沢満之先生。だから、清沢先生がなかったら、だれもそういうことを教えてくださる人はなかっただろうと思います。

如来さまがあって、それで如来さまを信ずるのか。自分が信ずるから如来さまがあるのか。お前どう思うか。これは、どうも別に決めようたって決められない。これは、一方に決めるわけにいかないと思います。だから、ほんとうの問題になる。こういう問題を掲げて教えてくださった清沢満之という善知識に遇うた。そういうことは非常に尊いご縁であり、因縁であると、わたしは思うておるような次第でございます。それで、このような問題を、満九十歳の記念のお話のテーマとして掲げたような次第でございます。

4

わたしは、『教行信証』をずっと拝読してまいりまして、だいたい『教行信証』というものは、昔から前後二編に分かつことができる。すなわち「教」・「行」二巻を前編、「信の巻」から「化身土の巻」まで四巻を後編とする。すなわち前編、後編。「教」・「行」二巻を前編とし、「信」・「証」・「真仏土」・「化身土」の四巻を後編とする。この前後二編というものから『教行信証』は成立しているのであると、そういうようにわたしは思うのであります。

金子先生のご意見というものを、わたしは『親鸞教学』のうえで拝読して、まことにごもっとも至極であると、こう思っているのであります。まあ、それはそれとして、金子先生のご意見は金子先生のご意見として、大いに敬意を表するのでございまするが、それと共に、わたくしはやはり、自分としては『教行信証』の「教」・「行」二巻を前編とし、「信の巻」から「方便化身土」までの四巻を後編として、前後二編というものに概括していくことができる。いくことができると、そういうように言えば、みなさんも納得していただけるだろうと、わたしは思うております。

すなわち、この『教行信証』の前編は伝承。すなわち、阿弥陀如来、釈迦如来、三国七高僧の伝承、伝統相承というすがたをお述べなされた。それゆえ、われわれは、その尊い伝承のおみのりをいただくことができるのである。「正信偈」というものは、「行の巻」の終りにおさめられております。「正信偈」は、われらの救いのおみのり、すなわち、南無阿弥陀仏のおみのり、そのおみのりの伝承というものをお述べなされた。すなわち、「行の巻」全体がそうでしょう。その「行の巻」の伝承を、聖人のお言葉として、一つの偈文としてまとめて、そうして「行の巻」の終りにおさめられた。そして、

如来、世に興出したまふ所以は、唯弥陀の本願海を説かんとなり。五濁悪世の群生海、応に如来如実の言を信ずべし。

と、こう述べ、また、終りのところには、

弘経の大士宗師等、無辺の極濁悪を拯済したまふ、道俗時衆共に心を同じくして、

唯斯の高僧の説を信ずべし。

唯可信斯高僧説。唯斯の高僧、高僧は七高僧、三国七高僧の説。説は説く、唯斯の高僧の説を信ずべし。ただ如来如実のみことを信ずべし、ただこの高僧の説を信ずべし。こういうようにわれわれに勧めておいでになる。これはすなわち、如来の本願、南無阿弥陀仏のおみのりがましますがゆえに、そのおみのりが、阿弥陀如来よりおこって、法然上人まで流れてきた。そして、この親鸞は、法然上人に直接にお会いして、この伝統のおみのりをば聴聞し、そうして、それを信じ奉行することができた。かくのごとくお述べなされたのが「正信念仏偈」である。だから、この「正信念仏偈」は、すなわち、伝承のおみのりをば簡単にお述べなされた、おまとめなされた。そうして「みんな伝統のおみのりを、わたくしと一緒に信じましょう」と、こう仰せられたのが「正信念仏偈」である。まことに、これは明瞭であります。

それで、この「教の巻」のことは勿論でございますが、「行の巻」というものは、『教行信証』の中において、全く首尾完結しておる。全くもう、それで言いつくしておる。伝統のおみのりというものを言いつくしておる。もう、なにものも加うる必要がない。

それほどに完備しておるのであります。だからして、いわゆる伝承の巻、伝統相承の巻。浄土真宗の、阿弥陀の本願、南無阿弥陀仏のおみのりの伝承の歴史、それをお示しになって、そうして「唯斯の高僧の説を信ずべし」。正信念仏すべし、念仏を正信すべしと、こう教えてくだされたのが、すなわち「正信念仏偈」の題目の意味である。このように、もうなにものも加うることができない。加うる必要がない。

それならば、なぜ「信の巻」というのを開かれたのか。どうしてそういうものを書かなければならぬのか。こういうので、それを書かなければならぬという理由を明らかにしているのが「信の巻」の別序というものである。「なんでお前、いらんことをするか。これで全部すんでおるでないか。なにを迷うておるか」。そういうようなことでしょうが、どうも、ご開山さまは、それで黙っておれない。沈黙しておれない。沈黙して、めでたく往生していいわけである。だけれども、親鸞さまは、どうも、これでもってめでたく往生しておれない。なかなか罪が深い。

法然上人は、めでたく往生した。そして、この法然上人以前の仏祖は、如来も諸師がたも、めでたく往生した。ただ一人、親鸞聖人だけは、どうもめでたく往生できない。

そういうことでないかと、わたしは思うですね。どうもわたしは往生できない。もっともっと、ものを言わんければならん。もう、だれも言わんだろう、この世ではだれも言わんだろう。とにかく、仏祖、善知識といわれるようなお方は、もうなにも仰せられんであろう。もう、仰せられないであろうけれども、しかし、それだからというて、親鸞は沈黙しておれないのだ。自分は、これでもって往生できないのだ。こういう思召しである。この思召しを述べられたのが「信の巻」の別序である。

「おお、そんなことを親鸞聖人は言うておるのか。そんな、たいそれたことを書いたのが信の巻の別序か」と、そういうふうに腹を立ててお叱りになるお方があるかもしれませんけれども、まあ、つまり言うてみれば、自分はもう、これを言うだけ言うたならば、自分は地獄へ行ってもいい、これを言うというと極楽へ往生できないなら、そんな極楽へは往生できなくてもいい。これを言うために、「信の巻」以下に、これを言わずにおれない。これを言うために、地獄へ堕ちるというならば、自分は、いさぎよく地獄へ堕ちる。堕ちても差し支えない。そういう覚悟を述べておるのが「信の巻」の別序である。「そんな、たいそれたことを別序に書いてあるのか」と、そう思っておる人は……

…。自分が、たいそれた悪人だから、そういうようにみえるのかもしれんけれども、やっぱり、親鸞さまもわたしの仲間だと。ずいぶん、たいそれたことを言うていなさるですね。

それで、ここに、聖典をもってきていますから、間違うと悪いですから、年をとりまして、もの忘れしますからして、それで用心のために聖典をもってきておるのでありま す。まあ、言うてみると、ずいぶん、たいそれたことを書いてある。この『教行信証』の総序を読んで、それから「信の巻」の別序を見るというと、総序は、まあ、有難い。だから、総序は長い文章だけれども、暗誦しております。ところが、この「信の巻」の別序は短い。短いけれど、たいそれたことが書いてある。

顕浄土真実信文類序

夫れ以《おもんみ》れば、信楽を獲得することは、如来選択の願心自《よ》り発起し、真心を開闡することは、大聖矜哀の善巧従《よ》り顕彰せり。然るに末代の道俗、近世の宗師、自性唯心に沈んで浄土の真証を貶し、定散の自心に迷うて、金剛の真信に昏し。爰に愚禿釈の鸞、諸仏如来の真説に信順して、論家釈家の宗義を披閲す。広く三経の光沢を蒙りて、特に一心の華文を開く。且《しば》らく疑問を至して遂に明証を出す。誠に仏恩の深重なるを念じて、人倫の哢言を恥ぢず。浄邦を忻ふ徒衆、穢域を厭ふ庶類、取捨を加ふと雖も、毀謗を生ずること莫れ矣。

「誠に仏恩の深重なるを念じて、人倫の哢言を恥ぢず。浄邦を忻ふ徒衆、穢域を厭ふ庶類、取捨を加ふと雖も、毀謗を生ずること莫れ」。これは、ずいぶん厳しい宣言だと思うのであります。

とにかく、尊い如来、善知識というようなお方々は、「行の巻」の「正信念仏偈」でもって、もう阿弥陀の本願のおみのりというものは全くつきているのだ。法然さまももう、それ以上のことをおっしゃらない。それで、この法然上人の『選択本願念仏集』の全体を「行の巻」に引用した。それで、もう「信の巻」以下には、法然さまのお言葉などは一言も出ていない。もう、「行の巻」でもって、法然さまのお言葉全部が終わっている。

そうして、「信の巻」にきますというと、だいたい、善導大師。善導大師の「散善義」のなかの、いわゆる観経三心釈。『観無量寿経』における安心、信心というものを、善導大師が解釈しておられる。その『観無量寿経』に、こう書いてありますね。

仏、阿難及び韋提希に告げたまはく、上品上生とは、若し衆生有りて、彼の国に生ぜんと願ふものは、三種の心を発して即便《すなわち》往生す。何等をか三と為す。

「一つには至誠心《しじょうしん》」、まことの至極ですね。一つには至誠心。「二つには深心」、深き心。「三つには廻向発願心」、これは、つまり、廻心懺悔。ほんとうに廻心懺悔をする。この現世の物質的な欲望、そういうもののみに縛られておる、その方向を転じて、如来の本願の光というものに方向を転ぜよ、廻心懺悔せよ。それが廻向発願心というものである。その廻向発願心のことを、善導大師は、二河白道の譬喩をもって述べておられる。その譬喩のことが全部「信の巻」に引用してあるのでございます。

法然上人の『選択本願念仏集』の「三心章」というところには、やはり善導大師のお釈が全部引用してある。親鸞聖人は、善導大師のお言葉を「信の巻」と「化身土の巻」とに分けて、そうして引用されてあります。すなわち、親鸞聖人は真仮分判、――真仮分判と申しまして、善導大師のお聖教のご文というものには真実と方便というものが入り混じっている。

しかし、法然さまは、真実とか方便などということを言わないで、善導大師のお言葉ならもうなにもかもみな真実だと、こういうように法然さまは善導大師のお言葉であるというと、丸呑みにしていなさる。丸呑みでしょう、あれは。ところが、親鸞聖人になるというと、丸呑みになさらない。丸呑みなさるお方は「行の巻」におさまっておる。丸呑みできないのが親鸞聖人。それは「行の巻」の中におさまらんですよ。法然さまは「行の巻」におさまっておる。めでたくおさまっておる。

ところが、親鸞さまは「信の巻」にはみ出しておる。片腕だけは「行の巻」のところへおさまっているかもしれんけれども、片腕は「信の巻」へはみ出しておる。おさまっておるところも親鸞でありましょうけれども、はみ出しておるところも親鸞。そのはみ出しておるところ、それをば、「信の巻」以下にお述べなされた。言うてみれば、つまり、反逆者というものである。反逆者。親鸞は、七高僧に対して、右の手は信順者、左の手は反逆者。それは、善導大師のお言葉に批判を加えた。法然上人は丸呑みにされた。親鸞聖人は批判した。批判を加えたのが、それがすなわち「信の巻」からはじまる。そういうわけであります。

5

それで、わたしは、『教行信証』の前編でありますところの「教」・「行」二巻は伝承の巻、伝統相承の巻。それに対して、「信の巻」以下の四巻は「信の巻」を根元として、それから「証の巻」・「真仏土の巻」・「化身土の巻」というものが展開してくるのでありまするが、これは己証の巻。己証、おのれのさとりと書いて、己証という。このように、『教行信証』の前編は伝承の巻、後編は己証の巻。己証の巻というのは、とにかく、前編の中にめでたくおさまらんものが自分の中にある。それで「信の巻」というものを開いた。

とにかく「信の巻」には、善導大師のお言葉を引いておるけれども、善導大師のお言葉というものに批判を加えた。これは真実、これは方便と、このように、善導大師のお言葉に批判を加えた。「散善義」の中の観経三心釈、観経三心というものを解釈しておりますところの善導大師のお言葉、法然上人は、それを丸呑みにした。親鸞聖人は丸呑みにできなかった。それで、半分は真実、半分は方便と、こういうように「信の巻」というのを書いたのは、方便というものを予想して「信の巻」を書いた。とにかく、このように、親鸞聖人は善導大師を丸呑みにしない。法然さまは丸呑みにされた。それは、どっちの方がいいのか、どっちの方が悪いか、決めることはできない。

これは、とにかく、善導大師のお言葉を丸呑みにできるお方は、尊い善知識さまである。それが、丸呑みにできないというのは、これはすなわち、悪人であろうと思う。そういうことである。「行の巻」だって、悪人を救うための阿弥陀仏のご本願であるでありましょうけれども……。しかし、まあ、仏さまの反逆者。反逆思想。仏さまに反逆した人。つまり、この善導大師のお言葉の中には、反逆思想がある。法然さまは、その反逆思想まで丸呑みにしてしもうたんだが、自分は丸呑みにできない。まあ、こういうのでしょう。だから、「信の巻」へくるというと、われわれは、如来のおみのりというものを丸呑みにするわけにいかない。

だいたい「信の巻」の別序というのは、簡単でありまして、ちょっと読むというと、そんな、たいそれたことを言っておいでになるように思えないようだけれども、これ、よっぽど、たいそれたことをうまく書いたものだと、感心しなければならん。しかし、これは、おそろしい宣言だと思います。まことにおそろしい。こんなおそろしい、たいそれたことを、このように簡単明瞭に発言ができるというお方は、わが祖師親鸞聖人である、ということを、わたしは思うのであります。

それで、この清沢先生は問題を提出された。それは、『教行信証』の前編というものは、一応は、まず如来ましますがゆえに信ずることができる、また、信じなければならん。如来の本願、南無阿弥陀仏ましますがゆえに、それゆえに、われわれは、それをばおとなしく信ずる、信ずべきものである。こういうことをお示しになっていると思うのである。

けれども、そうすれば、まあ、「お前は、なんでも清沢満之のところへこじつけるんだろう」と、お叱りを受けるかもしれませんけれども、やはり清沢満之という人は、やっぱり、親鸞聖人のような性格の人に違いない。どんな性格か。まあ、つむじまがりというか(笑声)。とにかく、つむじまがりというか、つむじが二つあるというか(笑声)。そういうような性格。これはですね、つまり、われわれは、だいたい、そういうものである。親鸞聖人は、つむじまがりであるところの、われわれの代表者であり、われわれの先覚者である。そういうことを、腹蔵なく、「信の巻」を開いてお示しになったのである。こういうように思う。『歎異抄』など読んでみますというと、やはり「行の巻」だけでは救われない、「行の巻」だけでは救われないというものが、われら一切衆生であろう。そういうところにご自身を発見して立っておられる。

法然上人は、「行の巻」の中におさまっておいでになる。われら一切衆生も、無理におさめればおさまらないこともない。無理におさめればおさまらんこともないのでありましょうけれども、おさめるのが無理なのでしょう。おさめるのが無理なのだが、それを無理におさめるところに、そこに、いろいろ人を迷わすわけである。すなわち、法然上人は、無理におさめておいでになるけれども、親鸞聖人は、やはり、これは無理におさめない方がいい。おさむべきものはおさめるけれども、おさむべからざるものはおさめてはならぬ。こういうので、『教行信証』の第二編、いわゆる、ご己証の巻というものを開顕なされたのが「信の巻」以下でありもす。いわゆる、ご己証、聖人の純粋の己証と、そういうものを「信の巻」においてお述べなされた。

さらに、純粋なものがあれば、不純粋なもののもあるにちがいない。その不純粋なものも、さらに明らかにしようというので、「証の巻」とか「真仏土の巻」とか、そして「化身土の巻」というものを開顕なさったのにちがいない。こういうのでしょう。ほんとうに正しい言い方をするということが、わたしは頭が悪いからできませんので、みなさんからいろいろとお咎めをこうむるかもしれませんけれども、自分は、特別に悪意をもってしゃべっているわけではない。自分の心持はみなさんはお察しくださることであろうと、こう、わたしは思って、あまりおそれなくお話するようなわけであります。

6

だいたい、行と信というのは、どういうものか。わたしは、行というものは、公の生活。われら人間は、少なくとも、二人以上……。人間は一人でおることはできない。人間は、必ず二人、もしくは二人以上おらぬというと、人間は生きておれない。それは例外があるかないかというと、それは例外はありますよ。あっても、それは例外である(笑声)。「ある」と抗議を申し込まれても、「あんたは例外ですよ」と、こう言うことができる。「ああ、おれを例外とかたづけるのか」と言われても、それはまあ仕方がない。例外です。人間というのは、二人以上おらんと人間でない。人間の人という字は、線が二本あって、二本の線が互いに相寄ってできている。

支那の『孟子』という書物を、わたし青年時代に教えてもろうたことがありますが、世の中に気の毒な人間が四通りある。鰥寡《かんか》孤独という。この四人のものは気の毒な人間だと、こういうことを孟子という人は書いておりますね。「老いて妻なきを鰥といふ。老いて夫なきを寡といふ。幼《いとけな》くして親なきを孤といふ。老いて子なきを独といふ」。それを鰥寡孤独という。よく孤独という言葉を使いますが、孤独というのは、そういう意味でしょう。

とにかく、人間というのは、やはり、二人、もしくは二人以上ないというと人間は生きていけないものである。人間は社会の中に生きておるのであって、単に、一人で生きていくことはできないものである。自ら孤独を尊んでおるというけれど、だれかが蔭におって、だれかに養われておるにちがいない。自分は孤独だといって威張っておるけれどもね、そんな人は、ほんとうに孤独に生きているわけではないのでしょう。蔭に犠牲になっておる。犠牲になっておるのを知らないで自分だけ一人で生きておるんだと、威張っておる。そういうのを孤独の人というけれども、孤独にたえるということはできません。大勢の人の力をかりなければ一日でも生きておれないのが、われわれ人間であるということは、決まっておるのであります。だが、聖道門の人は、孤独で生きておると思っておる。孤独で威張っておるのが聖道門。けれども、孤独にたえられないということがわかって、そうして、ほんとうに人生において悩みをもっておる、そういうものが如来の本願に救われるものであると、このように思うのであります。

それで、行は公生活、信は私生活。こういうように、わたしは……。そういうことはよくわからなかったけれども、この頃わたしは、公生活というものも、私生活を包んでおるのがほんとうの公生活である。また、私生活というものも、公生活を包んで、ほんとうの私生活が成立するのである。このように、公生活と私生活というものは、互いに相離れない、一つである。公生活と私生活というものが和合しなければ、ほんとうの公生活も成立しないし、ほんとうの私生活というものも成立しないものであろう。すなわち行と信との関係というものは、そういうものであろう。だから、わたしは、行は公生活、お念仏は公生活。信心は私生活。そして、公生活が私生活を包まなければならぬ。

また、私生活は公生活を包まなければならぬ。両方が互いに他を包んで、それが一つに和合しなければならぬ。因縁和合しなければならぬ。こういうことを、行と信という言葉であらわされている。

行は法である。法は公生活。信は機である。機は私生活。私生活だからというて、なにしてもいい、私生活は人に見えないものだから、私生活は人にわからんから、なにしてもかまわん、そういうふうに考える。けれども、私生活は公生活のうえにちゃんとあらわれている。私生活はわからんものだから、公生活ばかりやっておればいい。そういうように思っておる人がある。それで親鸞聖人は、「外に賢善精進の相を現ずることを得ざれ、内に虚仮をいだけばなり」。自分は賢善精進の相を現じているつもりでおるけれども、ちゃんと見る人が見るというと、内に虚仮をいだいている。その虚仮がちゃんとあらわれておる。隠そうと思うても、隠そうと思うというと、隠そうと思うておることがわかる。「ああ、隠そうと思うているな」と、ちゃんとわかる。人が知らんだろうと思うけれども、「天知る、地知る、人知る、我知る」ということがある。「人、いづくんぞかくさんや」。つまり、公生活の行と私生活の信というものは、内外相応していかなければならぬ。

7

しかし、この、親鸞聖人の「信の巻」を見るというと、むしろ、私生活というものを正した。私生活というものが一番大切なものだ。公生活よりなお私生活というものがもっとも大切なものだ、ということを述べてなさる。法然さまはまあ、公生活を正しくしていれば、私生活も自らそれに随順していくのだろうと、こういうように法然さまは教えていなさるのだけれども、親鸞さまは、ちょっと意地が悪いので、公生活だけ正しいというても、それだけではほんとうに正しくならぬ。

私生活は、人は知らんと思うけれども、人は知らんと思うていることが、ちゃんと自分の顔にあらわれておる。だれも知らないと思うておる。だれも知らないと思うているけれども、自分が知っておる。とにかく、隠そうと思うたり、誤魔化そうとしておる自分が一番よく知っておるだろう。人は知らないと思うておるだろう、知るまい、知るまいと思うておるのだろうけれども、人は知るまいと思うておることが、ちゃんと顔に書いてある。お前知るまい、お前知るまいというのだから、警戒しておるにちがいない。人は知るまいということは、警戒しておるのでしょう。ほんとうに知らないというのならいいけれども、知るまい、知るまいというのだから、警戒しておる。その警戒しておる心がちゃんと顔にあらわれておる。人間が警戒しておるすがたなんか一番よくわかる。ほかの人から見るというと一目瞭然たるものだと、わたしは思います。

まあ、こういうことをば、親鸞聖人は「信の巻」を開いて明らかにされておいでになる。で、親鸞聖人は、「ご和讃」でも「正像末和讃」の終わりには、「愚禿悲歎述懐和讃」というものをお書きなされた。

浄土真宗に帰すれども　真実の心はありがたし
虚仮不実のわが身にて　清浄の心もさらになし
無慚無愧のこの身にて　まことのこころはなけれども
弥陀の廻向の御名なれば　功徳は十方にみちたまふ

と述べられてあるわけであります。

8

で、わたしは思うに、「信の巻」には、信あるがゆえに如来ましします。信のない人に如来はましまさぬのである。信のある人にのみ如来ましします。

「光明は遍く十方世界を照らす、念仏の衆生を摂取して捨てたまはず」と、『観無量寿経』に記されてある。しかるに、ほかの宗教は、ただ一方的に、神ましますがゆえに信じなければならないという。ところが、われらの仏教は、一方的ではない。一方的ではないのだけれども、やっぱり、法然上人の教えなどは、どうも一方的なところがないわけではない。ほんとうは一方的ではないのでしょう。法然上人のお言葉をちょっと聞くというと、どうも一方的のようだけれども、一方的でないのだ。ほんとうは一方的でないのだ。こういうことを、親鸞聖人が、法然上人の教えを承けて、法然上人の教えの中に隠れておるものを発見しておいでなさる。それを発見しなければ法然上人のほんとうのおみのりはわからない。こういう思召しがある。

だから、如来あるがゆえに信ずべしというのは、『教行信証』の第一編、すなわち「行の巻」である。われらに信あり願あるがゆえに、それゆえに如来があらわれてくだされるのである。こういうことを親鸞聖人の己証のおみのりと、こういうべきものでありまして、これを明らかにしようとなされたのが、すなわち「信の巻」。それから「信の巻」を述べるならば、次に「証の巻」、そして「真仏土の巻」「化身土の巻」と、こういうようになってきたのだと、わたしは思うのであります。

もう、だいたい時間がきたようでありますから――。今日はだいぶ疲れまして、あまり大きい声を出さんでもいいんだけれども、大きい声を出し過ぎまして(笑)、やっぱり、この自分の眠りを覚まさんければならぬので、それで大きい声を出す。また、わたくし、自分の眠りを覚ますために大きい声を出すと、そうすると、みなさんの眠りをも兼ねて覚ます(笑)、そういう効能もあることだと思います。まあ、自然に大きい声を出すものでありますから、ちょっと疲労いたしました。今日はこれだけにして、また明日、続いてお話しようと思うのであります。

第二講

1

如来ましますがゆえに、われら衆生はこれを信ずることができるのであるか、そうでなくして、われら衆生に深い願あり信あるがゆえに、如来はあらわれたもうのであるか。衆生の信が先であるか、如来の本願が先であるか。こういうような問題を、清沢先生が、明治三十四年から三十五年までの間に掲げて、わたしたち学生に、思索せよと、こういうように仰せられた。

それで、清沢先生の最後の教訓とあがめておりますところの「我が信念」。それは「我が信念」というような表題にして発表されておるのでありますが、しかし、清沢先生の直筆の原稿が大谷大学に伝わっておる。それによりますというと、「我は此《かく》の如く如来を信ず」と、そういうような題である。そして、副題というようなかたちでもって「我が信念」とつけてあるわけであります。けれども、この文章が発表されたときには、先生はもうおいでにならぬのであります。それで、佐々木月樵先生が『精神界』の編集の任にあたっておられて、これはすなわち清沢先生の最後の教訓だと、こういうようなことを書かれた。まあ、注意書きをして、そして「我が信念」という題にして発表されたので、それで一般には「我が信念」というように伝えられておるわけであります。けれども、先生の原稿は「我は此の如く如来を信ず」と、こういう題になっておる。

これなどをよく見ますというと、信仰とか信心という言葉で言わずに、「我が信念」と、信念という言葉で述べておいでになるのである。わたしなど、宗教的信念という言葉で、宗教的ということを形容詞にして、信念という言葉をときどき使うておるのであります。どなたであるか知りませんけれども、いったいまあ、信念と信仰というものは同じなのか違うのか、こういうようなことを、どこかに書いてあった。そういうものに接した覚えがあるのであります。やはり、自覚というような意味が宗教の信念では非常に重要なことだ、重大なことだ。こういうので、清沢先生は「我が信仰」と言わないで、特に「我が信念」という言葉を使われたように自分は思うのであります。

信念ということと如来ということと二つのことがあるが、それは二つであるけれども、わたくしにあってはーつのものだ。そういうことがらからだんだん話をしておいでになる。まず信念ということから話をはじめられまして、そうして、信念というものを考えていくということと、如来ということはどういうことであるかということが自然に徹底していくことができると、こういうのでもって、わが信ずる如来は無限の智慧であり、無限の慈悲であり、また、わが信ずるところの如来は無限の能力である、無限の力である。こういうように推していかれまして、それで、その言葉について、一か条、一か条について明瞭にして、それでその文章は終わっておるのであります。

で、この、わたくしは、この文章をみますというと、如来ましますがゆえに信ずるのであるかということについて、最後はそうなっておる。最後には、如来ましますがゆえに信ずるとなっておるけれども、「我は此の如く如来を信ず」という題目をみますというと、信ずるということと如来ということは、全く相離れない。深い内面的というか、深い歴史的というか、切っても切れない深い関係――。関係というのは、仏教の言葉で言えば因縁。因縁がある。こういうことを「我が信念」の文章を読みますというとわかる。

とにかく、信ずるということを離れて、如来ましますということは考えられない。信じられない人には、全く如来などということはわからない。わからないから、わからないものはないものだと。わからないものは、要するにないものだと、こういうように気の短い人は思うのでありましょう。如来は、とにかく仏教で言うならば、宿善とか宿縁というものがあって、多生曠劫の宿縁というものがあって、如来ましますということを、はじめて知らせていただく。こういう点は、他の宗教、キリスト教をはじめとして他のいろいろの宗教と、それから仏教と、たいへんな違いがある。こういうことを、清沢先生の教えによって知らせてもらうようなわけでございます。

2

それで、昨日からお話しているのでありまするが、『教行信証』は「行の巻」を拝読しますというと、それでもう一切を言い尽くしておる、言い尽くしておるといえる。

昔の宗学では、存覚上人の『六要鈔』というものがあって、それが『教行信証』の注釈、解釈には大切なものであります。それで、やはり、蓮如上人のときに『教行信証』を拝読するには、存覚上人の『六要鈔』と照らしていかなければ『教行信証』の思召しを知ることができないと。それで、『六要鈔』を読むというと、要領を得ないことが沢山ある。わからぬことが沢山書いてあるものだから、いろいろな質問が出るのでありましょう。それで『蓮如上人御一代記聞書』を読みますというと、いろいろの疑問がある。だいたい『六要鈔』などは、あてにならぬものだと、こういうように言う人があるのでありましょう。それで、蓮如上人は、存覚上人というお方は大勢至菩薩のご化身であると、こう言うておられる。あれは、ただ人でない、大勢至菩薩のご化身である。

だからして、すべて名人の著作というものは、その時代その時代の思想でもって批評したりなどしてはならぬ。名人の著作というものは、自分にはわからんでも、なにか意味があるのであろうと、こういうようなことにして、軽々しく批評したり非難したりしてはならぬ。また、ある時期になって、それが「なんと、こういう意味をもっておるのか」と、そういうことがわかるようになることもある。まあ、こういうように『蓮如上人御一代記聞書』を読みますというと、門弟の人たちに誡めておられる。蓮如上人が『教行信証』をよくお読みなされたということは昔から伝えられておるのでありますが、存覚上人の『六要鈔』を非常にあがめておられる。とにかく、『教行信証』をただちに読むということでなしに、『六要鈔』を通して『教行信証』の思召しを伺うておられる。こういうような方法をもって『教行信証』に対しておられたと、そういうようなことを『蓮如上人御一代記聞書』を読むというと教えられるわけであります。

で、蓮如上人の『正信偈大意』というものがありまするが、これは、お弟子の方の願いによって、簡単に解釈したものである。これなどは、やはり存覚上人の『六要鈔』によって書いておられます。もってその一端を知ることができる。

3

それで、わたしは、昨日は「信の巻」のお話をもっとしようと思うておったのでありますが、わたしは「信の巻」を読むというと、そこに、よく覚えておる言葉があるのであります。それは「無上妙果の成じ難きにあらず、真実の信楽、実に獲ること難し」。こういう言葉がありますね。

然るに、常没の凡愚、流転の群生、無上妙果の成じ難きにあらず、真実の信楽、実に獲ること難し。何を以ての故に、乃し如来の加威力に由るが故に、博く大悲広慧の力に因るが故に。遇、浄信を獲ば、是の心顚倒せず、是の心虚偽ならず。是を以て極悪深重の衆生、大慶喜心を得れば諸の聖尊の重愛を獲るなり。

わたしは、この「無上妙果の成じ難きにあらず、真実の信楽、実に獲ること難し」という言葉。「信の巻」を思うというと、すぐこの言葉が念頭に浮かんでくる。

とにかく、この仏教というものは、仏に成る教え。仏の教えであって、仏に成ることを教える。こういうように一般に考えられておる。浄土教の方では、すぐ仏に成ると言わないで、浄土へ往生する。浄土参りをする。それが阿弥陀仏の本願の期するところである、目的である。浄土参りをするのが目的である。このように一般に考えられておるのであります。ところが、いま、親鸞聖人のお言葉に照らしてみるというと、どうもそうでない。

われわれは、要するに、信心とか安心とか、あるいはお念仏というのも、畢竟ずるに極楽往生のためにある、極楽往生が目的である。信心も安心も念仏もそのための手段にすぎないものである。行とか信とかというものは、要するに無上の妙果、すなわち無上涅槃をうるための手段にすぎないものである。こういうようにわれわれは思うておる。

だから、法然上人の教えを受けても、こういうことを念頭において、そして教えを聴聞しておったのでなかろうかと、こう思うのであります。

しかるに親鸞聖人は、「無上妙果の成じ難きにあらず、真実の信楽、実に獲ること難し」と、こう仰せられた。だから「遇、浄信を獲ば、是の心顚倒せず、是の心虚偽ならず。是を以て極悪深重の衆生、大慶喜心を得れば諸の聖尊の重愛を獲るなり」。これをみるというと、仏に成る、成仏ということが、阿弥陀仏の本願の眼目ではない。信心を獲るということが本願の眼目である。また、もう一つ言うならば、浄土往生だの、成仏だの、そういうことはどうでもいい。仏にならんでもいいし、浄土往生せんでもいい。本願を信ずる信心を獲ればいいのだ。信心が究極の目的である。こういうことを述べてありますね。

これは、あの『歎異抄』の第一条に照らしてみるとはっきりするのでありますが、「弥陀の誓願不思議にたすけられまいらせて、往生をばとぐるなりと信じて、念仏申さんと思ひたつ心のおこるとき、すなはち摂取不捨の利益にあづけしめたまふなり。

「摂取不捨の利益にあづけしめたまふなり」とありますね。

弥陀の本願には、老少善悪の人をえらばれず、ただ信心を要とすと知るべし。そのゆへは、罪悪深重、煩悩熾盛の衆生をたすけんがための願にてまします。しかれば、本願を信ぜんには、他の善も要にあらず、念仏にまさるべき善なきがゆへに。悪をもおそるべからず、弥陀の本願をさまたぐるほどの悪なきがゆへにと云々。

「云々」というのは、要点をあげただけであって、これで終わったわけではない。お話はまだじゅんじゅんと続いておるのであるけれども、要《かなめ》のところをあげれば、だいたいまあこれで尽きておる。それで「云々」というのであります。

この、信心を獲て、そうして摂取不捨の利益にあずかる。摂取不捨の利益にあずかるということは、これは、法然上人の教えにもあるし、また、善導大師の教えにもあることである。それを、その摂取不捨の利益ということを、現生正定聚である、現生不退であると、こういうように明らかになされたのが、わがご開山さまである。摂取不捨の利益にあずかるということは、ご師匠の法然上人が明らかにしておられるのであるが、それをおさえて、現生正定聚だと。

もっとも、現生正定聚は密益である、秘密なるご利益である、ということが、存覚上人の『六要鈔』に出ておる。ご開山さまは、密益なんていうお言葉はお使いなさらぬ。密益なんていう言葉はいろいろ人を誤るような言葉でないかと、わたしは思うのですけれども、しかし、存覚上人のことをかれこれと言いたくないのであります。

4

とにかく、現生正定聚とは、どういうものであるか。つまり、正定聚ということは、わたくしは、一つの心境であろう。それは、一つの心境であろう。心境というものは、環境に対して心境という。だれにでも心境というものがあるかも知らんけれども、われわれ人間は、正しい宗教の信というものによって、新たなる心境というものが開けてくる。その心境を、ある人は、さとりだと言う。ある人は、それを信心だと言う。

だから、わたくしは、親鸞聖人の他力本願のおみのりでは、仏法のある体験、教えの体験によって開けてくる信心。道元さまのようなお方は、禅。そういう方面では、さとりと言う。さとりと言うのも信心と言うのも、要するに心境である。心の境である。こういうことは共通しておるものだとわたしは思う。それが心境だということがはっきりすればいいことだと思う。心境だということがはっきりすれば、信ということと、さとりとは、だいたい同じものではないか。だいたい同じものではないかと、わたしは思う。

この「無上妙果」というのは、さとりでしょうけれども、どうも無上妙果というのは、ただ心境というものではないと思います。ほんとうは、わたしはですね、やれ自力だ他力だと言いまするけれどもね、やはり、自力であろうが他力であろうが、行というものによって、非常に平安な心境が開けてくる、おのずから平安な心境が開けてくる。それを、親鸞聖人は現生正定聚と言われる。それが摂取不捨の利益である。摂取不捨の利益というのは、現生正定聚の利益である。この、現生正定聚というものは、「信の巻」をずっと拝読していけば、おのずから領解することができるのでありますけれども、一番わかり易く述べておるものが、わたしは『歎異抄』の第一条だと思う。そこにはっきり出ている。それは、善悪について述べておる。われわれは善とか悪とかいうものに縛られている。善悪、道徳というものがわれわれを束縛しておる。そういうものから解放される。善とか悪とか、そういうものから解放されるということが現生正定聚である。こういうことが『歎異抄』の第一条を読むとよくわかりますね。

信ということと、それから、現生正定聚。つまり、信というものによって新たに開けてくる心境を現生正定聚と言うのであろう。その心境の到着点……。ほんとうは到着点などないものだとわたしは思いますけれども、しかし、まあ、その心境の到着点なるものを一応考えてみるというと、それが無上妙果というものになるのでないか。そうわたしは思いますね。これは、まあ、無上妙果とはどういうものであるかと、こう言うならば、それはつまり、煩悩即菩提、生死即涅槃。それがすなわち無上涅槃というものでしょう。そういう生死即涅槃、煩悩即菩提ということに到着する一つの道といいますか、道程といいますか、そういうものが現生正定聚である。こういうように考えて差し支えないと思うのであります。「ただ信心を要とすと知るべし」。弥陀の本願には信心を要とすと知るべし。「そのゆへは、罪悪深重、煩悩熾盛の衆生をたすけんがための願にてまします」。それがつまり、信心の内容である。罪悪深重、煩悩熾盛の衆生をたすけんがための本願である。それは、すなわち、二種深信を述べたものですね。罪悪深重、煩悩熾盛の衆生をたすけようという本願であるがゆえに、その本願を信ずることによって、われわれは「他の善も要にあらず、念仏にまさるべき善なきがゆへに。悪をもおそるべからず、弥陀の本願をさまたぐるほどの悪なきがゆへに』。すなわち、善悪というようなものから束縛をうけない。善とか悪とかいうことから自由になる。解放されて自由になる。

こういうようなことは、清沢満之先生は、特に晩年の精神主義時代に、超道徳というか、いわゆる道徳を超えるということを叫んでおられた。道徳の規範から解脱する、超越する、そこに宗教の世界がある。だから、阿弥陀如来の他力本願を信ずることによって、わたくしどもは善悪から自由になる。要するに、人間は善悪というものに縛られておる。人間というものはなかなか始末の悪いものだから、善悪という規範を作って、それで人間というものを縛っていく。それが倫理、道徳というものでありましょう。

それは、必要に違いないのでしょう。それは、必要に違いないのでありますけれども、それがために、われわれ人間は、さまざまの刺激というものが起こってくるものでありますからして、そこに宗教の教えというものがあって、道徳の縄に縛られない世界。縄があっても、縄に縛られても、それを超えていく、それに随順超越していく。なにも、縄を断ち切ってしまうと、そういうわけではないのでありまして、縄があっても、その縄に縛られておっても、その範囲において、そういうものからくる束縛というものを超えていく。それがすなわち現生正定聚というものである。その縄が無くなってしもうたのが無上涅槃でありましょう。

けれども、超越というようなことは、わたくしども、はっきりすることはできませんけれども、現生正定聚の到着点と。そういうものが、ほんとうにあるかないか、よくわかりません。わかりませんけれども、そういうものを一つ前提しておって、そうして現生正定聚というものが成立しておるのに違いない。とにかく「信の巻」というものは、そういうことを明らかにしておる。そういうようにわたくしは思うのであります。

5

この間、山口益氏から『仏教学のはなし』ですか、書物を頂戴したのでありますが、精読することはできませんけれども、頂戴したのでありますから、ちょっと読んでみました。つまり、新しい意味においての大乗仏教というものはどういうものであるか。それから推していくというと、阿弥陀仏の本願というところに到着しなければならぬと、まあ、そういうことを書いてあります。それで、読んでいきますというと、わたくしは驚いてしもうた。ずっと昔のことでありますが、「曽我先生」と書いてある。わたしは、先生などと言われるほどのものではありませんけれども、ずっと読んでみると、わたしのことが書いてある。すなわち、山口先生が学生時代に、わたしの話を聞いたと書いてあるのでありますが、考えてみるというと、真宗大学が東京にあったのは、明治四十四年の七月までであった。それを、宗門の当局者の考えでもって、京都へひきもどした。それも、どういう必要があってひきもどしたか、よくわかりませんが、とにかくひきもどした。その後に、山口先生などは真宗大谷大学時代の学生であられたのであります。その学生時代にわたくしの話を聞いた。

わたくしは、真宗大学が京都へ移るときに職をひいて、そうして新潟県の寺に五か年おりました。その、五か年おります間に、いろいろ事情があるのでありましょうけれども、京都の真宗大谷大学の学生の方がたの希望があって、お招きがあって、お話したことがある。そのときに、山口先生がわたしの話を聞かれたんだと、こうわたしは思うのであります。で、どういうことをわたくしはお話したかというと、阿弥陀如来のお浄土、すなわち真実報土へ往生すれば、無上涅槃のさとりを開く。無上涅槃のさとりを開けば、還相廻向でもって、さっさと、往生すると同時にまたもとの世界へもどってくる。そうして有縁の人びとをたすける。これ二十二の願であります。だから、阿弥陀の浄土におって楽しんでおるというようなことはないものだろう。もう往生すると同時に、往生する一刹那だけでもって、もう還相廻向のはたらきで……。まあ、せっかくだから、一か月ぐらいはと、そんなことはない。一日も休むということはない。一時間も休むということはない。往生すると同時にさっさと帰ってくる、自由自在に、十方世界を衆生済度の旅をする。まあ、そういうような話をしたと。そういうことを聞いたと。なんとまあ、曽我という人は思い切ったことを言うと、そう思って驚いて聞いた。そういうことが山口先生の書物に書いてある。まあ、その書物に自分の名前が出てくるなんていうことは予想しませんので、ほんとうに驚いてしまった。

そうでありますから、浄土におって、ぐずぐずしておりますとね、まあ、化土に生まれた人は五百歳の間なにもしない。三宝を見聞しないと書いてある。やれやれということでもって腰をおろして、五百年もの間、腰をおろしてしまう。それが方便化土というものであるということが、お経に書いてある。そういうので『教行信証』では、そういうことがちゃんとわかってくる、わかってくるのが現生正定聚。お経に書いてなければわからぬけれども、お経に書いてあることがなるほどそうだろうと納得できる、それが現生正定聚である。そういうのは、みな未来のこと。未来のことだが、そんな未来のことなどわかるものかと、こういうように、かれこれ言う人がありますけれども、しかし、お経を読んでおりますというと、うなずくことができる。いい加減な出まかせ書いたんだろうと、こういうようには思いませんわ。

やはり、わたしはですね、生死の中におるけれども生死に縛られない。生死の中におるけれども、現生正定聚にあれば、そういう生死に縛られない。生死に縛られないから、無上涅槃ということ、それから還相廻向ということ、そういうことは教えがなければわかりませんけれども、お経を読んだり『教行信証』を拝読したりするというと、なるほどそうかということがわかる。そんなことあるものかとは思わぬ。なるほどそういうものかなあと、うなずく。とにかく五百年の間なにもしないでおる。なにもしないでおるというけれども、楽しんでおるのでしょう。とにかく、まあ、浄土におって、なにが楽しみか書いてありませんが、なにかお浄土の楽しみというものがあるのでありましょう。それが方便化土というものである。なにか自分の一つの楽しみというものがあって、そういうものに引きずられている。引きずられておって三宝見聞の利益がない。

三宝見聞とはなんだろう。三宝見聞の利益とは、これは還相廻向のことであると、こういうふうにわたしは解釈しておる。三宝見聞とはなんぞや、還相廻向なり。浄土の中にあって三宝見聞せず。これは、テレビでもみているのだろうと。真実報土へ行ってテレビをみている。ラジオは聴くだけだが、テレビは視聴覚、見ると聞くとできるのがテレビ。それで、三宝見聞。見は視覚である、聞は聴覚である。浄土へ行ってテレビでもみているのか、どうもそうでないらしい。これは、わたしは、還相廻向のことであろう、三宝見聞とは還相廻向のことであろうと思う。

6

『大無量寿経』の下巻に「東方偈」というのがありますが、あれは長い偈文でありますけれども、だいたい、まあ、二つの偈文が一緒になったということは、これは学問の上で決まっておるのでしょう。つまり、あのはじめの半分は二十二の願の偈文である。二十二の願の成就というものを讃歎した偈文である。それから「若人無善本　不得聞此経」というところから「広度生死流」というところまで、あとの半分は二十の願の偈文、二十の願成就のおこころを述べた偈文である。あれを読むというと、浄土へ生まれた上の、浄土の妙果というものを、妙果というかたちでなくて現生のように書いてある。

ところが、あの偈文というのは『大経』の一番終わりにあるはずなのに、いつの間にかだんだん前の方へ動いていって、そうして「東方諸仏国」の偈文と結びついて、一つの偈文のようになった。けれども、あとの半分はお経の終わりにあったのであるが、昔はお経を写したものだから、前の方に動いてきて一緒になった。そういうようなわけでありますが、とにかくあの偈文をみるというと、未来の浄土のことなど書いてない。現在のことだけ書いてある。

お経の文をみるというと、仏智不思議を信ずるものは、浄土へ往生して三宝見聞の利益がある。仏智の不思議を疑惑して浄土を願うものは、浄土へ往生してもその浄土には五百歳の間三宝見聞の利益がない、そういうように書いてあるけれども、偈文をみるというと、そういうことは書いてない。ただ、仏に遇うことも難いし、信心の智慧をうることも甚だ難い、だから、もし聞くならば精進して求めよ。すなわち、

　仏世また値ひ難く、人、信慧あること難し、若し聞かば精進に求めよ。法を聞いて能く忘れず、見て敬ひ得て大いに慶ばば、則ち我が善き親しき友なり。是の故に、当に意を発すべし。設ひ世界に満てらん火をも、必ず過ぎて要《もと》めて法を聞かば、会《かなら》ず当に仏道を成じ、広く生死の流れを度すべし。

この生に仏智不思議を疑うて、そうして浄土に往生することを願うものは、未来には浄土へ生まれても三宝見聞の利益はない、というようなことは書いてない。お経をみると、そういうことを書いてある。そういうことについては、昔から学者の講義というものがあるに違いないけれども、いま、わたくしにはわかりません。

　とにかく、真実報土というのは、そこにとどまっておれない。そこにとどまっておれない、たとえ一時間でも二時間でも、そこに空しくとどまっておるということをしないのが真実報土というものである。真実報土というのは広大無辺際の世界である。方便化土というのは限りのある浄土でありまして、そこに縛られておる。そうすると、そこに

一種の楽しみというものがあって、そういうところに腰をおろしてしまう。まあ、言うてみれば、小乗の涅槃。大乗の涅槃に相応するものは、真実報土である。そういうことが経文を読みますというとわかる。

そういうことを、わたしは、大正のはじめ頃でありましょう、新潟県の寺におって、その時代の学生諸君の要望にこたえてお話したことがある。その中に山口先生がおいでになって話を聞かれた、その時の記憶をたどって山口先生が書いておられる。曽我先生という人はずいぶん激しいことを言う人だと思うた。その時はそう思うたんだが、いまになってみれば、当り前のことを言うておられると、まあ、そのように山口先生の書物に記されておりまして、わたくしは、全く汗顔の至りであると、こう思うておるのであります。

7

それはそれとしておきまして、「信の巻」を少しお話したのでありますが、「信の巻」には、三心一心の問答、三一問答というものがある。つまり、第十八の願の至心・信楽・欲生の三心。これは、ふつうは至心・信楽・欲生の三信というのでありましょうが、『教行信証』では三心とある。これは『観経』の三心というものに照らしてみる。

それから、十九の願だとか二十の願にも、至心・発願・欲生だとか、至心・廻向・欲生だとか書いてある。それで、第十八の願の三心、十九の願の三心、二十の願の三心、こういうようにごらんになって、至心・信楽・欲生の三心。本願に三心の誓いをおこしてあるのに、天親菩薩は何故に一心と仰せられたかと、こう、三心と一心の問答がありまして、三心というけれども、要するに疑蓋無雑の一心である。こういうことを解了やすからしめんがために、三心のことを一心というと、このようにお答えになって、また改めて第二の問答をおこして、阿弥陀仏の因位法蔵菩薩の心境というものをご開山さまがお述べなされてありますね。

これは、いくらかのことは、善導大師の「散善義」にも述べてありますけれども、しかし、至心・信楽・欲生の本願の三心について、本願の三心の一つ一つについて、因位法蔵菩薩の不可思議兆載永劫の間の心境というものをお述べなされた、そういう因位法蔵菩薩の心境というものと同じ心境が、真実信心を獲るときに開けてくる。法蔵菩薩と共通しておる心境、そういうものが、われわれに煩悩があってもですね、煩悩があっても、そういう煩悩から自由自在である。そういう心境が開けてくると、こういうことが、「信の巻」の三心一心の問答を読んでおりますというと、わたくしどもに納得ができる。

そういうことは、『歎異抄』では簡単に、第一条に、「しかれば、本願を信ぜんには、他の善も要にあらず、念仏にまさるべき善なきがゆへに。悪をもおそるべからず、弥陀の本願をさまたぐるほどの悪なきがゆへに」。わたしは、われわれがその通りになると思いませんけれども、しかし、わたくしども、それを読んでおりますというと、よくわかる。「信の巻」には現生十種の益のことも書いてありますが、現生十種の益ということよりも、三心一心の問答の方がわたくしどもの心を開いてくださるものであるということを思うものであります。

で、わたくしは、今日は、もっといろいろと思い出してお話できると思うておったんだけれども、どうもお話もできない。まあ、真の仏弟子の釈というものもありまするし、横超断四流のお釈、よこさまに四つの迷いの流れ、迷いの川をこえる。よこさまというのは、すなわち他力をあらわす。横は他力をあらわす。超ということは、他力の不思議をあらわす。他力の不思議のはたらきを超の字をもってあらわす。超という字は、仏智他力の不思議の力をあらわす言葉である。それから、信心の行者は真の仏弟子であるというようなことも述べてあります。

8

とにかく、こういうようなことは、仏さまがある、如来ましますがゆえに信ずるというだけでなしに、さらに深く自分を掘り下げてみるというと、つまり、信あるがゆえに如来ましますのです。信のないところには如来ましまさない。信のあるところに如来まします。仏智不思議を疑うて罪福を信じ善根を積んでいくような人の求める仏さまは、方便化身の仏さま。真実報身の仏さまではない。これは、信心が如来を決定するのであるということをお述べなされたのである。

清沢満之先生は「信ずるは力なり」。この、精神主義ということは、要するに「信ずるは力である」ということを、精神主義というのである。とにかく、それから出発して、そうして、われわれの信というものが仏さまを決定していくのである。こういうようなことが「信の巻」から「方便化身土の巻」まで続いておる。われわれの信心がほんとうに純粋になってくるというと、真仏真土というものを感得することができる。われわれの信心が不透明であり不純であるならば、われわれは真実報土を感得することができずして、方便化土を感得するのである。だから、全く信心のないものは、浄土も感得しないし、また、仏さまも感得しない。つまり、仏さまはないと同じことであるし、お浄土もないと同じことであるから、そういう人たちは、お浄土はあるものか、仏さまはあるものかと。もし邪教の誘惑を受けて、邪信心というものをおこすというと、仏さまを否定し、浄土をも否定する、そういうようになってくるのはやむをえない。そういうようなことを親鸞聖人は「信の巻」以後に示された。

だから、われわれは、悪知識に遇うと大変でありますよ。善知識に遇うということは、これは大変ありがたいことだ、尊いことだ。真の善知識に遇うということを「信の巻」に力説してありますね。そうして、この、善知識に遇うということは、これは多生曠劫の因縁である。

つまり、清沢先生が、まず仏さまがあって、われわれが信ずるのか、と言われるが、こういうことは、もう「行の巻」で終わっておる。だけれども、世の中にもあるし、また、自分もそうでありましょう。自分にも、浄土を否定したり如来を否定したりする、そういう経験というものがあるわけでありましょう。

『歎異抄』の第九条などを読んでみるというと、

念仏申し候へども、踊躍歓喜の心おろそかに候ふこと、また、いそぎ浄土へ参りたき心の候はぬは、いかにと候ふべきことにて候やらんと申しいれて候ひしかば、

やっぱり、ことによるというと、浄土を否定したり仏さまを否定したりする。そういうことは書いてないけれども、「いかにと候ふべきことにて候やらんと申しいれ」た。もちろん、唯円房ぐらいになるというと、仏さまや浄土を否定するということなどしないでしょうけれども、しかし、心のどこかにそういう邪見というものが動いているということもないわけではない。とにかく唯円房は、わたしは幸いにして善知識にお遇いしたけれども、善知識にお遇いしないというと、わたしはどういう邪見をおこすかも知れない。わたしには、どこかに、そういう邪見というものが棲んでおって、そうして、こういうことになるのでありましょうか。おそろしいものが自分にあるのでないでしょうかと、そういうことを唯円大徳はおたずねしておるのであります。そういうことは書いて

ない。書いてないけれども、「いかにと候ふべきことにて候やらんと申しいれて候ひしかば、親鸞もこの不審ありつるに、唯円房同じ心にてありけり」。

これなど、聖人も幸いに善知識に遇うた。善知識に遇うたということは、もし善知識に遇わなかったらどうするか。この遇うという字は「たまたま」という字、すなわち偶然の「偶」の字と同じことである。善知識に遇うということは、ほんとうは歴史的必然というものでありましょう。歴史的必然というものでありましょうが、しかし、歴史的必然の歴史は、偶然を含んでおる歴史である。偶然と対立しておる必然でなくして、偶然を内に包んで、それを超越しておる必然である。だから、そこにはどんなおそろしい心があるかわからぬ。そんなものを「いかにと候ふべきことにて候やらん」と申し入れたのであるし、「親鸞もこの不審ありつるに」と答えた。「この不審」という不審のなかに、どのようなおそろしいものが含まれておるのか。そういうことを両方が、問う人も答える人も、共通の広場というものを感じて、そうして、互いに深い理解と深い同情、また深い尊敬というものをもってお話が続いておる。もっとも、お話は、あの文字だけで尽きるわけではないと思う。もっともっと、いろいろあると思う。それだから「云々」

という字で結んであるのであろうと思うのであります。それで、今日は、なにか歯切れの悪いお話しかできないのでありますけれども……。まあ、いまなら、もっともっと書き方もあるんだろうけれども、やはり、七百年昔の、そういう時代のお筆でありますからして、激しい言葉ではお述べなされていないわけだと思うのであります。

9

それで、「信の巻」の末巻のところにいくと、抑止の文「唯除五逆誹謗正法」のお心を明らかになさるために、『涅槃経』の阿闍世王の救いのことが述べてある経文をお引きなされてある。そうして、聖人のお言葉というのは、きわめて簡単に書いてありますね。

是を以て、今、大聖の真説に拠るに、難化の三機、難治の三病は、

この三病とはなんであるかといえば、五逆と、それから誹謗正法と一闡提。この一闡提のことは、本願になくて、五逆と誹謗正法だけあるのでありますけれども、『涅槃経』に照らして一闡提を加えて「難化の三機、難治の三病」という。そうして『大無量寿経』

の本願とか本願成就の文に、五逆誹謗正法だけ書いてある。その五逆誹謗正法というものをさらに深く掘りさげるというと、一闡提。この一闡提というのは、全くもう生死の迷いの世界を出離するという願い、そういう願も信もないもの。そういうものは『大無量寿経』に書いてないけれども、しかし、二つを深く掘り下げていくというと、一闡提ということにぶちあたる。ですから、『歎異抄』の第九条などというものは、こういうことにぶちあたるということをお話なされているのだと思います。それで、

難化の三機、難治の三病は、大悲の弘誓を憑み、利他の信海に帰すれば、斯れを矜哀して治し、斯れを憐愍して療したまふ。喩へば、醍醐の妙薬の一切の病を療するが如し。濁世の庶類、穢悪の群生、金剛不壊の真心を求念すべし。本願醍醐の妙薬を執持すべきなり。

ここには別に、阿弥陀如来のことは書いてない。釈迦如来さまのことが書いてあって、阿弥陀如来のことは『涅槃経』に書いてないのだけれども、要するに釈迦如来というのは、阿弥陀如来が人間となった。阿弥陀如来が人間となったすがたが釈迦如来。要するに、善知識というのは、仏さまが人間になったのを善知識。そういうわけだと思います。

とにかく、一闡提というところまで掘り下げて、そうして、真実信心の根、仏法を聞いて大菩提心をおこす信心の根というものは、われわれにあるのでなくて、それは、仏さまの本願のところにもとがあるということを、いま『涅槃経』によってお述べなされてある。いわゆる無根の信、根の無い信ということを述べてあるのであります。これについて、今日は、ほんの断片的な連絡のないことを申して時間を費したわけであります。

10

わたくしは、とにかく、清沢満之という方に遇うた。清沢満之という方は、わたしどもの善知識である。その清沢満之という善知識に遇うて、そうして、衆生の信というものと如来の本願というものと、いったいどちらが根本であるか、どちらが先であるか、そういうことを考えてみよと。

それで、わたくしは『教行信証』に照らして、親鸞聖人が「行の巻」でもって終わっておるはずであるのに、さらに「信の巻」をご製作になった。「信の巻」をご製作になったのだから、あとの「証の巻」も「真仏土の巻」も「化身土の巻」も、みんな続いて、そうして六巻の『教行信証』が出来上がったのである。法然さまの教えというものは、だいたい「行の巻」で終わっておる。終わっておるけれども、法然さまの思召しというものをほんとうに明らかにしていくということになると、やはり新たに「信の巻」を開いて、信心ということを述べなければならぬのである。

時間もきましたので、これで、今回の記念講演を終わらせていただきます。

（昭和四十年十月十六日・十七日、大谷大学講堂に於ける満九十歳頌寿記念講演。）

あとがき

『法蔵菩薩』は、曽我量深先生の八十八歳米寿記念講演の聴記である。

これは、すでに単行本として東京の同朋舎より（昭和三十八年四月十日）発行され、後『曽我量深選集』第十二巻（曽我量深選集刊行会編・弥生書房刊）に収録（昭和四十七年六月二十日）発行されたが、このたび曽我量深先生の七回忌（昭和五十二年六月二十日）を迎えるにあたり、その記念として、カセットテープ版『曽我量深説教集』全三集十二巻（法蔵館刊）が発行されるこの機会に、改訂版として出版されることとなったものである。

先生の米寿記念講演「法蔵菩薩」は、昭和三十七年十月二十五日・二十六日の両日にわたり、真宗大谷派教学研究所東京分室における第十六回教学講座として開催されたものであり、東京ではさらにその翌日十月二十七日、日比谷の松本楼において教学研究所東京分室はじめ諸団体の共催による米寿祝賀会が催された。

鈴木大拙先生の序「始めに行あり」、金子大栄先生の序「曽我先生の米寿を祝いて」は、単行本『法蔵菩薩』に寄稿されたものであるが、本書にも記念として収録させていただいた。また単行本『法蔵菩薩』には、祝賀会当日の記念講演「出世本懐」も収録されているが、本書にはこれを割愛した。

なお、本書（改訂版『法蔵菩薩』）の出版にあたっては、カセットテープ版『曽我量深説教集』（全三集十二巻）ならびに『曽我量深説教集』（八巻・追巻二）との関連に留意して、可能なかぎり講演そのままの再現に努めた。文字のみで講演のあとをたどるには、いささか煩瑣に過ぎるとの意見もあろうかと思うが、みずからが説きみずからが聞かれるという先生の説教の特色、すなわち「愚な自分が首肯《うなず》くまで自分に話して聞かせて、そうして愚な自分が成る程と受取ってくれるまで話をしたいと思う」（『如来表現の範疇としての三心観』）とおっしゃる説教の再現には、これ以外の方法が見当らぬことによるものである。先生ならびに読者のみなさんの諒恕をお願いもうしたい。

『我如来を信ずるが故に如来在ます也』は、曽我量深先生の満九十歳頌寿記念講演の聴記である。これもまた、すでに単行本として弥生書房より（昭和四十一年十一月五日）発行され、後『曽我量深選集』第十二巻に収録刊行されたが、このたび改めて、七回忌記念の意味から本書に収録させていただいた。

先生の満九十歳頌寿記念講演「我如来を信ずるが故に如来在ます也」は、昭和四十年十月十六日・十七日の両日にわたり、大谷大学講堂においておこなわれたもの（「曽我量深先生満九十歳頌寿記念会」主催）であるが、そのご講演にさきだって金子大栄先生より、発起人を代表してのご挨拶と、続いて「諸仏と善知識」と題してのご講話があった。また、その十七日夕には、京都四条麩屋町の万養軒において、謝恩の祝賀晩餐会が開かれた。

なお、記念講演会の当日、先生の掲げられたご講題は「如来あっての信か、信あっての如来か」という清沢満之先生ご提起の問題そのままであったが、その講演筆録が単行本として出版されるにあたり、先生ご自

身が、そのお考えを、

我　如来を信ずるか故に

如来　在ます也

とお示しくださったものであり、それをもって単行本の書名とされるにいたったものである。

最後に、本書の出版に際し、これをご快諾くださったご令息・曽我信雄氏、ならびに同朋舎代表吉岡奎氏、弥生書房社長津曲篤子氏のご厚意にたいして、心から感謝もうしあげる。

昭和五十二年六月一日

伊東慧明

法蔵菩薩

一九七七年九月　一日　初　版第一刷発行
一九八〇年四月二〇日　初　版第二刷発行
二〇一四年五月三〇日　新装版第一刷発行

著　者　曽我量深

発行者　西村明高

発行所　株式会社　法藏館
京都市下京区正面通烏丸東入
郵便番号　六〇〇-八一五三
電話　〇七五-三四三-〇〇三〇（編集）
〇七五-三四三-五六五六（営業）

印刷・製本　亜細亜印刷株式会社

ISBN 978-8318-6534-2 C0015